培训教学设计
A-PRICE模型及应用

陶明 著

中国电力出版社
CHINA ELECTRIC POWER PRESS

内 容 提 要

本书在《企业兼职培训师能力训练》《企业兼职培训师工作指南》《培训魔方——企业培训师心法修炼》《企业培训开发工具箱》四本著作的基础上，针对企业员工培训的特点，构建了以解决工作问题为导向的培训课程教学设计 A-PRICE 模型，将培训课程的教学按照分析教学要素、构思课程架构、排列内容顺序、融入示证练习、选择方法手段和助长学习迁移六步进行设计。全书分为三篇共十一章，主要包括理论常识与模型构建、A-PRICE 模型实操解析和 A-PRICE 模型实践应用三大部分的内容。

本书是一本帮助企业培训师掌握课程教学设计方法论的实用专著，是企业中、高级培训师必备的能力提升指导手册和课程教学设计工具书。

图书在版编目（CIP）数据

培训教学设计：A-PRICE 模型及应用/陶明著. —北京：中国电力出版社，2023.2
（2023.9 重印）

ISBN 978-7-5198-7273-1

Ⅰ.①培…　Ⅱ.①陶…　Ⅲ.①技术培训-研究　Ⅳ.①C975

中国版本图书馆 CIP 数据核字（2023）第 017577 号

出版发行：中国电力出版社
地　　址：北京市东城区北京站西街 19 号（邮政编码 100005）
网　　址：http://www.cepp.sgcc.com.cn
责任编辑：李　莉（010-63412538）
责任校对：黄　蓓　马　宁
装帧设计：郝晓燕
责任印制：吴　迪

印　　刷：北京锦鸿盛世印刷科技有限公司
版　　次：2023 年 2 月第一版
印　　次：2023 年 9 月北京第二次印刷
开　　本：710 毫米×980 毫米　16 开本
印　　张：14
字　　数：193 千字
定　　价：39.00 元

技术总指导

徐纯毅　孟大博

技术指导

韩美香　支叶青　袁国方　郭　辉
惠自洪　程绍兵　孙卫东　贺永平
彭　词　王　敏　李　军　谭武光
李　默　秦　亮　郭佳佳　朱　伟
陈　雯　王　涛　蒋建豪

编　委　会

主　任　肖德祥　禹　军
副主任　浣世纯　徐　涛　肖志高　方　鹏
成　员　梅其建　陶　明　董文军　罗电兵
　　　　　陈正茂　段　粤　杨　佩　尹华平
　　　　　阳安邦　陈明照　张　通　吴智储
　　　　　欧阳建友　宋云希　王　钊　罗旖旎
　　　　　王　艳　吴　春　杨冬儿　黄　颐
　　　　　饶玉凡　杨　铭　李　钰

前　言

　　随着企业培训工作的深入推进，企业培训师在成长中面临一些新问题和新挑战。如何通过培训解决企业的现实工作问题，支持企业和员工的绩效改变？如何让培训课程突出技能教学、提高员工的专业技能水平？如何做好课程开发，打造学习效果好、教学效率高、学员参与度高的培训课堂？这些都是企业培训师亟待解决的现实问题。

　　教学设计是企业培训师进行课程开发的核心技能，目前却是企业培训师业务能力中的薄弱环节，主要表现在以下三个方面：一是"盲目模仿"，有些培训师通过回忆自己读书时老师的教学特点，模仿他们的教学风格组织教学，忽视了学历教育与成人培训的差异性，导致教学活动"低龄化"；二是"盲信模型"，有些培训师在业务学习和教学实践中接触到了一些教学设计的模型，并参照进行教学设计，但其中一些模型是基于学历教育知识传授而非技能训练来构建的，导致课程教学"理论化"；三是"盲用模板"，有些培训师喜欢套用一些所谓的设计格式模板进行教学设计，违背了"因材施教、法无定法"的基本教学原则，导致教学组织"机械化"。这些现象在企业培训中普遍存在，已经成为制约培训师提升教学设计能力的瓶颈。

基于三十年企业培训管理、教学实践和培训师培养的经验，作者在《企业兼职培训师工作指南》《企业兼职培训师能力训练》《培训魔方——企业培训师心法修炼》和《企业培训开发工具箱》四本著作的基础上，借鉴美国戴维·梅里尔教授和露丝·克拉克博士、荷兰范梅里恩伯尔教授，中国盛群力教授的研究成果，结合自身对国际前沿教学设计理论的学习和研究心得，针对培训课程教学的特点，构建了针对培训课程的教学设计模型。

作者将教学设计的任务分为六步来实施，即分析教学要素（analyze）、构思课程架构（plan）、排列内容顺序（rank）、融入示证练习（integrate）、选择方法手段（choose）和助长学习迁移（encourage）。把六个步骤操作动作的英文单词首字母组合起来，将该模型命名为"培训教学设计 A - PRICE 模型"，简称为"培训教学设计价值模型"。

培训教学设计 A - PRICE 模型的主要特征包括：以"教学要素分析"为根据确保有的放矢，以"解决工作问题"为定位设置课程主题，以"完成工作任务"为主线编排课程内容，以"能力训练任务"为载体训练学员技能，以"教学认知规律"为依据选择方法手段，以"现实工作情境"为依托促进学以致用。该模型破解了相关书籍在培训教学设计实践中避而不答的"如何对接工作现场、搭建教学内容、整合知识技能"等问题，为企业培训师提供了支撑培训课程场景化教学的教学设计技术路径和操作方法，可以帮助他们构建课程教学设计的心智模式，促使课程教学设计能力的整体提升。

作者运用认知主义与建构主义的相关理论，结合培训课程的特质和成人学习的特点，对每个设计步骤的内容要素和操作要领进行了详细地描述和刻画，形成了《培训教学设计 A - PRICE 模型及应用》这本著作。

本书对《电力行业企业培训师培训教材》中的教学设计内容进行了深度挖掘和延伸拓展，构思与编写过程得到了中国电力企业联合会和国网湖南省电力有限公司领导、专家的悉心指导。本书集合了吴智储、欧阳建友、宋云希、王钊、罗旖旎等团队成员 10 多年的培训课程开发经验，整合了指导阳安邦、黄顗、饶玉凡、杨铭、李钰等团队年轻成员的教学设计成功案例，吸纳了王艳、吴春、杨冬儿等团队成员的审校建议，在此一并表示感谢。

本书提供的教学设计的方法流程、步骤环节和表单工具，在我们多年的课程开发实践应用中效果显著，是一本帮助企业培训师掌握培训课程教学设计方法论的实用专著，是企业中、高级培训师必备的能力提升指导手册和课程教学设计工具书。

陶明
2023 年 2 月于长沙

目 录

第一篇　理论常识与模型构建

本篇首先介绍了与教学和教学设计相关的一些常识和常见理论，主要包括：教学相关常识、教学常见理论、教学基本原则、教学设计相关常识和教学设计常见模式，收集整理了一些必备的教学和教学设计的知识、模型和工具，为后续培训教学设计模型的学习和应用做好相应的铺垫。在此基础上，针对培训课程的特点，给出了培训教学设计模型构建的相关依据和构建思路，形成了培训教学设计的 A‑PRICE 模型和对应的表单呈现形式。

第一章　教学常识与常见理论

本章速览

本章简要介绍了教学和教学心理学相关常识，说明了认知主义学习理论、建构主义学习理论和学习迁移理论三种常见的教学理论，介绍了四个教学基本原则。通过本章的学习，可以对前沿教学理论及成果有一个基本的了解，为后续学习提供必要的理论支撑。

第一节　教学相关常识

一、教与学的含义

1. 学习的含义

学习是指学习者在教师的指导下，有目的、有计划、有组织、有系统地进行的，是在较短时间内接受前人所积累的科学文化知识、技能，并以此来充实自己的过程。

美国著名学习与教学心理学家加涅根据学习情境由简单到复杂，由低级到高级，把学习按层次分为八类，分别是：信号学习、刺激 - 反应学习、连锁学习、言语联结学习、辨别学习、概念学习、规则学习和解决问题的学习。

加涅认为教学不仅应该考虑学习的情境和过程，还应考虑学习者通过学习将获得哪些学习结果。他进一步提出了五种学习结果，并把它们看作是五种学习类型，分别是：智力技能、认知策略、言语信息、动作技能和态度。加涅认为按学习结果进行分类有利于明确教学目标，为教学设计提供依据。

我国教育心理学家冯忠良教授根据教育系统中传递内容的不同，将学习者的学习分为三类，分别是知识学习、技能（包括心智技能和操作技能）学习和行为规范学习。

2. 综合学习的含义

综合学习是指通过现实工作问题和任务，对知识、技能和态度进行整合，并对本质相异的各个组成技能进行协调，除此之外，还要实现迁移——将所学的东西迁移到现实工作情境中。综合学习很显著的特征就是将焦点集中在真实的学习任务之上，其宗旨是把解决现实工作问题作为学习和教学的驱动力。

随着新技术的不断产生，常规性任务更多地由机器来完成，而那些由人来完成的综合认知任务也变得越来越重要；同时，由于各种工作的本质以及胜任某种工作所需的技能都在不断变化，与完成这项工作相关的知识可能很快就会过时，这就对员工提出了更高的要求，企业也越来越强调问题解决、推理、创造等能力的价值，以保证员工能够灵活地适应环境的快速变化。

当下对综合学习的关注，不应仅仅被看作是一种"时髦"，更应看作是为了应对社会和技术的快速发展，企业对"培训的价值何在"所持有的立场，以及培训本身对此所做出的一种必然反应。

3. 教学的含义

教学是一种以目标为导向的活动，是精心安排的一种学习环境，以帮助学习者掌握具体的知识和技能（简称知能）。

从学习的角度看，我们都是偶发学习者，不一定有目标驱动，不能保证拥有相关知能的支撑，也没有足够的技能来应用学习原理，缺乏对学习过程的有效自我把控。当我们需要掌握特定的知能时，自发的学习很可能是低效的，甚至是混乱不堪的。

教学的目的是促进学习者的学习。所谓"促进"，是指与不加干预的偶发学习相比，接受教学后的学习会效果更好、效率更高、参与度更高。

依据学习者特征的差异，教学一般分为两类：一类是学历教育的教学，其学习主体是学生；另一类是成人培训的教学，其学习主体是在职工作的学员。由于学习者的知识基础、生活经历、年龄阶段不同，致使这两类教学存在较大的差异性。

二、教学心理学常识

1. 学习动机

学习动机是指学习者个体内部促使其从事学习活动的内驱力或动力。学习动机反映学习者的某种需要，同时也推动学习者进行一定的学习活动以满足这种需要。学习动机一般表现为强烈的求知愿望、对未知领域的好奇心和兴趣、认真积极的学习态度等。学习动机激发学员将热情和兴趣关注于寻觅知识、掌握技能、探求理念的活动中，并且使学习活动沿着一定的方向持续下去。

根据学习动机的动力来源，可以分为内部学习动机和外部学习动机。

内部动机又称内部动机作用，是指由个体内在的需要引起的动机。例如，学员的求知欲、学习兴趣、改善和提高自己能力的愿望等内部动机因素，会促使学员积极主动地学习。

外部动机又称外部动机作用，是指个体由外部诱因所引起的动机。例如，某些学员为了提高薪酬待遇、晋升更高岗位、得到他人认可等，他们从事学习活动的动机不在学习任务本身，而是在学习活动之外。

学习动机有三种功能。

一是激活功能，即动机会促使人产生某种活动。如学员来参加培训，是由学习知识和提升技能的动机激发起来的。

二是指向功能，在动机的支配下，人的行为将指向一定的目标或对象。如学员会自觉去查找相关资料，完成作业任务。

三是强化功能，当动机把某种活动引起之后，动机并不会立即停止，而是继续发挥其作用，即维持或调整已引起的活动，在遇到困难时予以克服，并使该活动朝向某一目标进行。如学员在进行考证前的复习准备时，虽然非常辛苦，但一直会坚持下来，直至考试完成。

2. 内驱力与诱因

动机由内驱力和诱因两个基本因素构成。

内驱力是在需要的基础上产生的一种内部唤醒状态或紧张状态，表现为推动有机体活动以达到满足需要的内部动力。

培训过程中学员的内驱力主要有两类：一是认知内驱力，认知的内驱力是一种源于学习者自身需要的内部动机，这种潜在的动机力量，要通过个体在实践中不断取得成功，才能真正表现出来。诱发这种内驱力需要利用学习者的好奇心，激发学习者的兴趣来实现。二是自我提高的内驱力，自我提高内驱力是一种通过自身的努力，能胜任一定的工作，取得一定的成就，从而赢得一定社会地位的外部动机。它以赢得一定的地位为满足。

诱因是指能满足个体需要的物体、情境或活动等刺激物，是个体趋向或回避的目标。它具有激发或诱使个体朝向目标的作用。

满足个体需要的诱因是后天通过个体经验而逐步形成的。例如，同样的摄食需要，有的人会去吃米饭，有的人会去吃面点；同样为满足自尊的需要，有的人会以好的工作业绩来获得他人的尊重，有的人则通过讲究穿戴来吸引他人的注意。当个体在活动中把自己的各种需要与能满足其需要的物体、情境联系在一起，这些物体就成为行为的目标。诱因和目标基本上是同义的。

诱因与内驱力分不开，它由外在目标所激发，只有当其成为个体内在的需要时，才能推动个体的行为。

内驱力是个体内部推动行为的力量，诱因是行为目标对行为者的刺激。内驱力是动机中"推"的力量，诱因是动机中"拉"的力量，人的动机行为正是在这一推一拉中实现的。

3. 编码

心理学中的编码指对信息进行表征，使其能被有效地加工和传递的心理过程。

外界刺激通过各种感觉器官的编码，可以转换成人的主观体验。视觉形象的、声音的、语义的等各种记忆信息，可通过不同方式，采用不同的模式进行编码，例如，你看见了一只小狗，你可以对它的品种、颜色、大小进行编码，你的脑子中形成一条小狗的形象，这是图像编码；你在脑子中会形成一句话："这是一条××样的狗"，这是语言编码；它朝你叫了一声，那你又多了一个编码，拥有"汪、汪"的叫声的动物一般就是狗了，这是声音编码。

编码是一个系统，可以对各种思维形式中的信息进行表征，如概念、观点、图像、特征、命题、图示等思维过程中涉及的单位，均可通过编码系统进行表征。

4. 图式

图式是指人们在认知过程中通过对同一类客体或活动的基本结构的信息进行抽象概括，在大脑中形成的框图。图式实质上是一种心理结构，是能帮助人们感知、组织、获得和利用信息的认知结构。

图式是对我们生活中的事物的大量个别事例的抽象，图式总结了这些事物的重要特征。比如树的种类有很多，但一般都包括树干、树冠、枝叶甚至花果等特征。当人们看到一棵从未见过的"树"时，虽然不知道它的种类和名称，但是基于头脑中一般的图式，可以很快断定是"树"而不是别的东西。

图式不仅指对事物的概念性认识，而且包括对事物的程序性认识。比如对婚礼形式的认识，对会议形式的认识，以及对于商务谈判过程的认识，等等。

5. 工作记忆

工作记忆有时也称为短时记忆，是指人们在完成认知任务的过程中将信息暂时储存和加工的记忆系统。工作记忆可以被理解为一个临时的心理"工作平台"，在这个工作平台上，人们对信息进行操作处理和组装，以帮助我们理解语言、进行决策以及解决问题。可以将工作记忆理解为对必要成分的短时的、特殊的聚焦。

工作记忆是认知心理学提出的有关人脑中存储信息的活动方式。人作为一种信息加工系统，把接受到的外界信息，经过模式识别和加工处理而放入长时记忆。以后，人在进行认知活动时，由于需要，长时记忆中的某些信息被调遣出来，与当前从事的工作相联系，这些信息便处于活动状态。它们只是暂时使用，用过后再返回长时记忆中。这种记忆易被抹去，并随时更换。

6. 长时记忆

长时记忆是指存储时间在一分钟以上的记忆，一般能保持多年甚至终身。它的信息主要来自短时记忆阶段加以复述的内容，也有由于印象深刻一次形成的。

长时记忆的容量似乎是无限的，它的信息是以有组织的状态被储存起来的。有词语和表象两种信息组织方式，即言语编码和表象编码。言语编码是通过词来加工信息，按意义、语法关系、系统分类等方法把言语材料组成组块，以帮助记忆。表象编码是利用视觉、听觉、嗅味觉和触觉等形象组织材料来帮助记忆。依照所储存的信息类型还可将长时记忆分为情景记忆和语义记忆。

7. 认知负荷

认知负荷是指工作记忆的认知负荷，即人在学习或任务完成过程中施加到工作记忆中的心智活动的总量。对认知负荷起主要作用的是工作记忆中必须予以关注的内容总量。

认知负荷的产生至少具有以下几个条件：①认知负荷与某项具体的任务相联系，学习者没有具体的任务就不会产生认知负荷，就像汽车如不载物就不会产生物理负荷一样；②这项任务的完成必须动用工作记忆中有限的资源，在工作记忆中进行操作；③该任务各项操作的顺利进行，必须有相应心智能量的支持。

影响学习过程中的认知负荷的因素主要包括：①学习内容的复杂程度，②信息呈现的频率，③学习者对学习进度的控制能力，④学习者对内容的熟练程度，⑤所使用的教学方法。

认知负荷的来源主要分为两类：原生性和无关性。原生性认知负荷源自所学新知能的复杂性，它由课程内容本身的性质决定，不会因采用不同的教学方法而变化。无关性认知负荷则是由教学材料的设计和传递方式所决定的。例如，如果培训师讲解的内容又快又难，同时又没有采用图示、示例和提问等方法，就会给学员带来很高的认知负荷；相反，如果使用图示配合语音呈现相同的信息，同时允许学员自己控制信息呈现的进度，认知负荷就会相对较小。

8. 注意

注意是心理活动对一定对象的指向和集中，是伴随着感觉、知觉、记忆、思维、想象等心理过程的一种共同的心理特征。"聚精会神""专心致志"等就是指"注意"的意思。注意有两个基本特征，一个是指向性，是指心理活动有选择地反映一些现象而离开其余对象，表现为对出现在同一时间的许多刺激的选择；二是集中性，是指心理活动停留在被选择对象上的强度或紧张度，表现为对干扰刺激的抑制。注意的产生及其范围和持续时间取决于外部刺激的特点和人的主观因素。

注意，通常是指选择性注意，即注意是有选择地加工某些刺激而忽视其他刺激的倾向。它是人的感觉（视觉、听觉、味觉等）和知觉（意识、思维等）同时对一定对象的选择指向和集中（对其他因素的排除）。人在注意着什么的时候，总是在感知着、记忆着、思考着、想象着或体验着什么。人在同一时间内不能感知很多对象，只能感知环境中的少数对象。而要获得对事物的清晰、深刻和完整的反映，就需要使心理活动有选择地指向有关的对象。

注意是非常重要的认知过程，因为工作记忆的容量是十分有限的，注意能帮助学习者从环境中选取重要的信息转换到工作记忆中去处理。例如，在学习文字处理软件的课堂上，如果培训师一开始就告诉学员，本课程的教学目标是在课程结束时，学员可以自己建立和编辑电子文档，那么，教学目标就能帮助学员把注意集中到重要的教学内容上。

9. 元认知技能

元认知是对思考的思考，对认知的认知。元认知技能是指个体将自己正在进行的认知活动作为意识的对象，不断对其进行积极而自觉的监视、控制和调节的过程中所使用的方式和手段。主要包括：①制订计划，指个体对即将进行的认知活动及其行为进行某种策划；②自我监控，指个体对自己的认知活动的进程以及效果进行评估；③自我调整，指个体根据监控得来的信息，对认知活动采取适当的矫正性或补救性的措施。

元认知技能可以帮助学习者确定学习目标，选择有效的学习技巧，监控学习过程朝着学习目标迈进，并在必要时调整学习策略。智力水平相当的学习者会因元认知技能上的差距而取得截然不同的学习效果。

10. 心智模式

心智模式是指深植我们心中关于我们自己、别人、组织及周围世界每个层面的假设、形象和故事。心智模式也指人们一种习以为常、理所当然的认知，深受习惯思维、定势思维、已有知识的局限。心智模式是一种客观的心理存在，是人类思维的基础，它影响着人们的观察、思考、决策和行动。心智模式没有绝对的对错、好坏之分，是一把"双刃剑"。

例如，尊老爱幼；欠债还钱；服从命令，听从指挥；按流程办事；进行教学设计时，应先搭建内容框架，再选择策略和方法手段；任何结果都是相对的；从积极的角度思考问题；一切皆有可能；你好我好大家好，争来争去伤和气；一个学霸就应该每天读书连玩的时间都没有；要健身就应该到健身房里挥洒汗水；情侣就应该到奶茶店喝奶茶才称为浪漫，等等，这些都属于人们的心智模式。

心智模式的形成是先由讯息刺激，然后经由个人运用或观察得到进一步的讯息回馈，若自己主观认为是好的回馈，就会保留下来成为心智模式，不好的回馈就会放弃。

心智模式是通过将新知识与长时记忆中已有的图式加以整合而建构的。首先，需要激活已有知识，然后要对工作记忆中的新信息进行转换，以整合到长时记忆中。成功的整合会将新信息编码到长时记忆里。信息可以以多种方式编码，而且可以多次编码。通常，信息编码的方式越多，编码的次数越多，学习效果就越好。

心智模式可以帮助学习者区分和归纳概念、解决问题、作出预测和诠释情境等。我们可以将心智模式分为两类，一类是支持概念区分、执行常规程序等简单认知操作的简单心智模式，另一类是支持解决问题过程的复杂心智模式。

心智模式通过三种途径影响个体的观察、思考和行动，具体包括：

认知框架。心智模式为人们提供了观察世界的认知框架，如同一个"滤镜"，会影响人们所"看见"的事物。具有不同心智模式的人在观察同一事物时，往往会有不同的感受或得出迥然不同的结论。2005年，联想集团拟并购IBM PC业务时，众说纷纭，不同的人选取了不同资料，得出各种各样的结论；即使对同一个资料，看法也不尽相同，真可谓"仁者见仁，智者见智"。这就是心智模式作用的体现。

思想路线。心智模式基于从外部世界获取信息，我们对其进行解读，作出合理的假设、想象，并按照特定规则或逻辑进行推论，从而作出判断和决策。在这方面，每个人其实都有很多切实的感受。例如，在午夜，你走在空旷的街道上，脑海中会浮现出很多画面，包括潜在的危险等，会不由自主地加快脚步。

行动导向。心智模式不仅决定我们如何理解世界，而且决定我们如何采取行动。因为在人们成长和发展心智模式的过程中，会逐渐总结规律、发现模式，形成一些对世界的概括性的看法，即价值观和世界观，这会影响人们的判断和行为。例如，相信"X理论"的管理者会将员工视为懒惰的、千方百计谋求个人利益而不顾公司利益，从而更倾向于采取严格的管控措施；而相信"Y理论"的管理者会将员工视为积极的、能自我约束和激励的，因此更倾向于采取授权、激励等管理措施。

11. 学习迁移

学习迁移是指一种学习对另一种学习的影响，或习得的经验对完成其他活动的影响。我们常说的"举一反三""触类旁通""闻一知十""一通百通"等，都是迁移的意思。例如学会拉二胡的人，学拉小提琴就比较容易；棒球选手打高尔夫球也会打出高水平；加强听、说训练，就能更快地提高读、写能力。

迁移是一种重要的学习能力。如果学习者能够将在某一专业领域中获得的某种知识、技能，举一反三地再造或创造出新的经验或成果，灵活运用于其他的专业领域或日常生活的情境之中，他的学习进程就会加快，学习效率就会提高。

迁移是能力形成的重要环节。能力总是通过对所掌握的知识加以概括，然后广泛地迁移，并进一步系统化和概括化而形成的。对于学习者来说，最终目的是把从学习中积累起来的方法和知识迁移到对新知识的理解和应用上来，把学到的知识，运用到各种不同的实际情境中，解决现实中的各种问题，从而形成解决问题的能力。

学习迁移的表现形式是多种多样的，以下是几种常见的迁移分类。

（1）根据迁移发生的概括水平分类，可以把学习迁移分为**水平迁移**与**垂直迁移**。

水平迁移也称横向迁移，是指处于同一概括水平的经验之间的相互影响。学习内容之间的逻辑关系是并列的，如婴儿学会称呼邻居家的男性为"叔叔"后，他可能会对所遇到的任何陌生男性均称呼为"叔叔"。由于这些学习内容之间的关系是并列的，都处于同一抽象和概括层次，所以都属于水平迁移。

垂直迁移又称纵向迁移，是指处于不同概括水平的经验之间的相互影响，即具有较高的概括水平的上位经验与具有较低的概括水平的下位经验之间的相互影响。垂直迁移包括自下而上和自上而下的两种迁移。

自下而上的迁移是指下位的较低层次的经验影响着上位的较高层次的经验的学习，比如，在概念学习中，在学习生物知识时，"老虎、狮子、牛、羊"等动物本质特征的掌握有助于理解和概括"哺乳动物"的特征。此类迁移也常见于归纳式的学习中。

自上而下的迁移是指上位的较高层次的经验影响着下位的较低层次的经验的学习，如理解了"三角形"的意义有助于理解"等腰三角形、等边三角形、直角三角形"等。

（2）根据迁移的内在心理机制分类，也就是学习者原有的认知结构、认知经验与认知系统，把迁移分为**同化性迁移、顺应性迁移**与**重组性**

迁移。

同化性迁移是指学习者原有的认知结构没有发生改变，直接将原有的认知经验应用于其本质特征相同的一类学习中去。平时我们所讲的举一反三、闻一知十等都属于同化性迁移。

顺应性迁移是指学习者需要通过调整原有的经验或对新旧经验加以概括，形成一种包容新旧经验的更高一级的认知结构。比如，我们在日常生活中形成了报纸、书刊、广播、电视等概念，当这些先前的概念不能解释"计算机网络"这个概念时，就要在我们原有的经验系统中建立一个概括性更高的科学概念"媒体"来标志这一事物。

重组性迁移是指学习者需要重新组合原有认知系统中某些构成要素或成分，调整各成分间的关系或建立新的联系。在重组过程中，基本经验成分不变，但各成分间的结合关系发生了变化。如把蜂鸣器和水壶组合在一起，成为蜂鸣器报警水壶；把眼镜片放入眼睛中，形成新产品隐形眼镜。可以看出，通过重组性迁移，不仅扩大了基本经验的适用范围，还包含有创造性的成分。

（3）根据迁移的距离来分类，可以分为**近迁移**和**远迁移**。

近迁移是指学习者将所学的经验迁移到与初始学习情境比较相似的情境中的能力。也就是能够采用和学习时相似的应用方式，将所学的知能应用到与先前例举和练习情境相似的新情境中。例如，学习者解决有关汽车的路程问题的应用题后，能够利用时间、速度和路程之间的关系解决飞机、自行车、轮船或者步行等情境下的路程问题，这属于近迁移。

远迁移是指学习者能将所学的经验迁移到与原初的学习情境极不相似的其他情境中的能力。例如，学习者学习了解决有关汽车的路程问题的应用题后，如果能够利用这种三量关系解决复杂的工程问题（这种问题隐含着天数、每天完成工作数量与总工作数量之间的关系）的应用题，就属于远迁移。

第二节　教学常见理论

一、认知主义学习理论

1. 认知主义学习理论的含义

认知主义学习理论是通过研究人的认知过程来探索学习规律的学习理论。认知主义学习理论认为，学习就是面对当前的问题情境，在内心经过积极的组织，从而形成和发展认知结构的过程。它强调刺激反应之间的联系是以意识为中介，强调认知过程的重要性。

认知主义学习理论的流派有很多，主要流派有：格式塔完型学习理论、托尔曼符号学习理论、布鲁纳发现学习理论、加涅信息加工学习理论。

2. 不同流派学习理论的主要观点

格式塔完型学习理论认为：一个人学到什么直接来源于他对问题情景的知觉。有机体通过主动积极的组织作用形成与情景一致的新的完形，学习是有机体内部进行复杂的认知活动而实现顿悟的过程。知觉重组是学习的核心。

托尔曼符号学习理论认为：学习的目的性是人类区别于动物的主要标志。学习是有目的的，是期望的获得。学习是对完形的认知，是形成认知地图的过程。

布鲁纳发现学习理论认为：学习的实质是主动地形成认知结构，它是学习者主动获取知识，并将新知识与已有知识建立联系，并积极地构建知识体系的过程。学习包括获得新知识、将新知识进行加工整理、对新知识转化结果进行检阅和验证三个过程。教学的目的是让学生理解学科的基本结构。

加涅信息加工理论认为：学习是学习者神经系统中发生的各种过程的复合。学习的发生可以表现为刺激与反应，刺激是作用于学习者感官的事件，而反应则是由感觉输入及其后继的各种转换而引发的行动，反应可以通过操作水平变化的方式加以描述。学习者不断接收到各种刺激，被组织进各种不同形式的神经活动中，其中有些被储存在记忆中，在作出各种反应时，这些记忆中的内容也可以直接转换成外显的行动。

3. 认知主义学习理论的主要贡献

认知主义学习理论为教学论提供了理论依据，丰富了教育心理学的内容，为推动教育心理学的发展立下了汗马功劳。认知主义学习理论的主要贡献是：

（1）重视人在学习活动中的主体价值，充分肯定了学习者的自觉能动性。

（2）强调认知、意义理解、独立思考等意识活动在学习中的重要地位和作用。

（3）重视了人在学习活动中的准备状态。即一个人学习的效果，不仅取决于外部刺激和个体的主观努力，还取决于一个人已有的知识水平、认知结构、非认知因素。准备是任何有意义的学习赖以产生的前提。

（4）重视强化的功能，把人的学习看成是一种积极主动的过程，因而很重视内在的动机与学习活动本身带来的内在强化的作用。

（5）主张人的学习的创造性。它要求学习者自己观察、探索和实验，发扬创造精神，独立思考，改组材料，自己发现知识、掌握原理原则，提倡一种探究性的学习方法。强调通过发现学习来使学习者开发智慧潜力，调节和强化学习动机，牢固掌握知识并形成创新的本领。

二、建构主义学习理论

1. 建构主义的含义

20 世纪 90 年代，认知学习理论的一个重要分支——建构主义学习理论在西方逐渐流行，该理论是对已有学习理论的继承与发展。

建构主义主张：世界是客观存在的，但是对事物的理解却是由每个人自己决定的，不同的人由于原有经验不同，对同一事物会有不同理解。建构主义认为：学习是引导学习者从原有经验出发，生长（建构）起新的经验。

建构主义包括个体建构主义和社会建构主义。

个体建构主义认为：学习是一个意义建构的过程，学习者通过新、旧知识经验的相互作用，来形成、丰富和调整自己的认知结构；学习是一个双向的过程，一方面新知识纳入已有的认知结构中，获得了新的意义；另一方面，原有的知识经验因为新知识的纳入，而得到了一定调整或改组。

社会建构主义认为：学习是一个文化参与的过程，学习者是通过参与到某个共同体的实践活动中，来建构有关的知能。学习不仅是个体对学习内容的主动加工，更需要学习者进行合作互助。社会建构主义更关注学习和知识建构背后的社会文化机制，认为不同文化、不同环境下个体的学习和问题解决之间存在着很大的不同。

建构主义理论的内容很丰富，但其核心只用一句话就可以概括：以学习者为中心，强调学习者对知识的主动探索、主动发现和对所学知识意义的主动建构。以学习者为中心，强调的是"学"；以教师为中心，强调的是"教"，这正是两种教育思想、教学观念最根本的分歧点，由此而发展出两种对立的学习理论、教学理论和教学设计理论。由于建构主义所要求的学习环境得到了当代最新信息技术成果的强有力支持，这就使建构主义理论日益与广大教师的教学实践结合起来，从而成为国内外学校和培训机构深化教学改革的指导思想。

2. 建构主义的基本观点

知识观。 建构主义认为，知识不是对现实的纯粹客观反映，只不过是人们对客观世界的一种解释、假设或假说，将随着人们认识程度的深入而不断地变革、深化，出现新的解释和假设。

在具体问题的解决过程中，需要针对具体问题的情境对原有知识进行再加工和再创造。另外，尽管语言赋予了知识一定的外在形式，并且获得了较为普遍的认同，但这并不意味着学习者对这种知识有同样的理解。因为对知识的理解，还需要个体基于自己的知识经验而建构，同时取决于特定情境下的学习历程。

学习观。 建构主义认为，学习是学习者自己建构知识的过程。学习者不是简单被动地接收信息，而是主动地建构知识的意义。学习是学习者根据自己的经验背景，对外部信息进行主动地选择、加工和处理；对所接收到的信息进行解释，生成了个人的意义或者说是自己的理解。个人头脑中已有的知识经验不同，调动的知识经验相异，对所接收到的信息的解释就不同。

教学观。 建构主义认为，教学不能无视学习者已有的知识经验，不能简单、强硬地从外部对学习者实施知识的"填灌"，而是应该把学习者原有的知识经验作为新知识的生长点，引导学习者从原有的知识经验中，主动建构新的知识经验。教学不是知识的传递，而是知识的处理和转换。教师和学习者、学习者与学习者之间，需要共同针对某些问题进行探索，并在探索的过程中相互交流和质疑。

3. 建构主义的学习环境

建构主义认为，学习者的知识是在一定情境下，借助于他人的帮助，如人与人之间的协作、交流、利用必要的信息等，通过意义的建构而获得的。理想的学习环境应当包括情境、协作、交流和意义建构四个部分。

（1）学习环境中的情境必须有利于学习者对所学内容的意义建构。在教学过程中，创设有利于学习者建构意义的情境是最重要的环节或方面。

（2）协作应该贯穿于整个学习活动过程中。教师与学习者之间，学习者与学习者之间的协作，对学习资料的收集与分析、假设的提出与验证、学习进程的自我反馈、学习结果的评价以及意义的最终建构都有十分重要的作用。

（3）交流是协作过程中最基本的方式或环节。在这个环节中，每个学习者的想法都为整个学习群体所共享。交流对于推进每个学习者的学习进程，是至关重要的手段。

（4）意义建构是教学过程的最终目标。在学习过程中帮助学习者建构意义就是要帮助学习者对当前学习的内容所反映事物的性质、规律以及该事物与其他事物之间的内在联系达到较深刻的理解。

4. 建构主义的教学原则

根据建构主义理论倡导的以学习者为中心的教学理念，应该遵循以下教学原则。

原则1：把所有的学习任务都置于为了能够更有效地适应世界的学习中。

原则2：教学目标应该与学习者的学习环境中的目标相符合，教师确定的问题应该使学习者感到就是他们本人的问题。

原则3：应该在课堂教学中使用真实任务、日常活动或实践来整合多重的内容或技能。

原则4：设计能够反映学习者在学习结束后就可从事有效行动的复杂环境。

原则5：设计支持和激发学习者思维的学习环境，给予学习者解决问题的自主权，刺激学习者的思维，激发他们自己解决问题。

原则6：鼓励学习者在社会背景中检测自己的观点。

原则7：支持学习者对所学内容与学习过程的反思，发展学习者的自我控制的技能，成为独立的学习者。

5. 建构主义在教学中的应用

建构主义在教学中的应用主要体现在以下方面：

探究学习，是指基于问题解决活动来建构知识的过程。在教学过程中，通过有意义的问题情境，让学习者积极地参与、主动地体验，不断地发现问题和解决问题，来学习与所探究问题有关的知识，形成解决问题的技能以及自主学习的能力。

支架式教学，是指教师或其他人与学习者共同完成学习活动，为学习者提供外部支持，帮助他们完成无法独立完成的任务。随着活动的进行，逐渐减少外部支持，让学习者独立活动，直到最后完全撤去支架。

情境教学，是指建立在有感染力的真实事件或真实问题基础上的教学。知能学习是与情境化的活动联系在一起的，学习者在真实任务情境中，尝试着发现问题、分析问题和解决问题。

合作学习，是指通过讨论、交流、观点争论、相互补充和修改，共享集体思维成果，完成对所学知能的意义建构过程。合作学习主要是以互动合作（师生之间、学习者之间）为教学活动取向，以学习小组为基本组织形式，来共同达成教学目标。

三、学习迁移相关理论

1. 头脑开发理论

头脑开发理论属早期的一般迁移理论，该理论认为：无论我们是在解决何种学科的问题，只要在深入思考的过程中，分析、综合和记忆等一般能力得到了锻炼，这种能力就会自然地在需要时产生迁移，发挥作用。最具代表性的当属"官能训练说"，它认为个体的心理组织部分是各种官能，如注意力、记忆力、推理力等，如果一种官能在某种学习情境中得到了改善，它就能自动地在所有需要该官能的情境中起作用，实现迁移。

头脑开发理论在当今的培训实践中仍有一定的影响，比如户外"拓展项目"，宣称可以提升领导力和团队合作技巧，然而除了学习者因为项目有趣和放松身心会不吝给出高分外，目前还很难采用其他方法评估这类培训课程。

2. 共同要素理论

共同要素理论属特殊迁移理论，该理论认为：两种学习只有在机制上存在共同元素（指相同的联结，包括目的、方法、普遍原则和经验上的基本事实）时，一种机能的变化才能改变另一种机能。两项任务之间拥有的共同元素越多，迁移就越有可能发生。

共同要素理论是仿真训练的理论基础，在这类训练中，教学环境为学员模拟出他们将在工作环境中看到、听到和感觉到的事物，由于培训时的训练任务与工作任务非常相近，自然会产生学习迁移。

3. 心智模式迁移理论

心智模式迁移理论认为：迁移不仅仅在任务有共同要素时可以发生，理解也可以作为迁移的基础。如果一般性规则是可教的，我们可以建立强健而活跃的心智模式，使得学习者在面对与教学过程中练习过的问题不太一致的问题时，也能运用规则去解决。心智模式理论比头脑开发理论强调特殊性，因为它关注建构相对特殊的心智模式，而不是一般性分析能力；同时，它比共同要素理论更具一般性，因为对原理的理解可以应用到与教学时不完全相同的任务。

心智模式迁移理论是行动学习的理论基础，在这类培训中，教学环境为"干中学"，学员在学习了一些基础理论和方法工具后，通过参与一些与教学时不同的真实工作任务或解决一些现实工作问题（如领导企业扭亏为盈、组织公司业务拓展、参与专业项目攻关等），互相学习、分享经验和反思碰撞，区分和归纳概念、解决问题、作出预测和诠释情境，实现提升管理能力或专业技能的教学目标。

第三节　教学基本原则

一、激发动机原则

激发动机原则是指在培训设计时，为了取得好的教学效果，必须要考虑把学员的积极性调动起来，应该充分了解学员的参训目的，并通过一些方法技巧有效地激发学员的学习动机。

教学过程中激发学员的学习动机，可以从以下四个方面着手。

（1）目标导引激发发展动机。目标导引，就是培训师通过描述培训前景，绘制未来发展蓝图，引导学员积极投入课程学习，为职业生涯发展积累技能。目标导引可以激发发展动机，让学员有进取心。

目标导引可以用在课程的导入环节，培训师可将课程性质与学员的工作、岗位、薪酬、事业、成就等远期目标联系起来，诱导学员积极参加培训，完成学习任务。

目标导引也可以用在课程的授课环节，培训师可将学员的学习表现、参与程度与考核成绩等近期目标挂钩，诱导学员投入学习活动，完成课程目标。比如，可以设置竞争性情境，鼓励学员追求出色成绩；激励学员积极发表观点、尝试说服别人，鼓励学员在群体中发挥领导作用；利用"趋利避害"心理，营造"无能"恐惧的环境，促使学员避免处于"无能"的境地。

(2) 兴趣驱动激发情趣动机。 兴趣驱动，就是培训师通过内容选择、结构设计、技巧运用等方式，让学员关注内容、产生好奇。兴趣驱动可以激发情趣动机，让学员有学习欲。

兴趣驱动贯穿于课堂教学的全过程，培训师主要可从内容关联、鼓励实践、善用技巧这几个主要方面来激活学员的学习兴趣点。

内容关联，是指培训师传授的知识、提出的问题、剖析的案例、训练的技能等要与学员的工作背景、生活背景、知识背景相联系，巧妙创设问题情境，引发认知冲突，诱发学员的好奇心。特别是在培训的初始阶段，包括热身游戏、开场活动在内的任何教学活动，培训师都要让学员充分认识到课程内容与自己工作的相关性；否则，将会导致部分学员敷衍了事。

鼓励实践，是指培训师要灵活运用各种培训方法，将枯燥的学习融入各种生动有趣的活动中，让学员在活动中思考、练习，集中注意力，提高学习兴趣。强化学习的练习和应用，学员能够更好地理解抽象概念，获取隐性知识，获得更有效的记忆效果，强化技能运用的熟练度。在培训过程中，培训师可以设计一些与培训课程相关的活动、游戏或具有一定挑战性的任务，吊一吊学员的胃口；可以布置一些现场作业，让学员在学完单元内容后去完成同一问题在不同情境时的处理方案。

善用技巧，是指培训师在培训过程中适当运用一些技巧，如破冰开场，提问题、做游戏、讲故事等方式活跃课堂气氛，增强学员学习兴趣。在培训过程中，培训师应该注意自己的角色不是"推"而是"引"，经常做的不是"说"而是"问"，给学员的不是"决定"而是"建议"。以激发学员思考为例：培训师通常都能够提出很巧妙的问题，而精明的培训师则能让学员问出更好的问题。当学员在学习中能够不断地问自己或他人问题的时候，学习才会真正的发生，如：这个信息适用于什么地方？应用这个知识点的先决条件是什么？当学员发问的时候，他们就从"被动模式"进入"探索模式"，这个时候学员的大脑才被真正地激活，此时的学习已经不是单纯的记忆信息，有效的学习也就润物细无声地发生了。

（3）支持合作激发交往动机。 支持合作，就是培训师利用学员希望得到友谊、支持、合作的愿望，营造相互支持配合的学习环境，让学员能够轻松愉悦地参与学习活动。支持合作可以激发交往动机，让学员有亲和力。

支持合作贯穿于课堂教学的全过程，培训师可以从营造氛围、融入团队、强化互动这几个方面精心设计，让学员在培训活动中获得认可，享受学习活动的乐趣。

营造氛围，是指培训师要营造一个轻松的课堂学习氛围，避免设置可能会让学员觉得紧张与尴尬的活动，让学员有"安全感"。如：尽量少用点名发言，这会让那些不太善于在众人面前谈话的学员感到紧张，进而对积极参与课堂学习产生畏惧，影响接下来的学习效果。再如：开场导入环节，是思想碰撞的引入与暖场，让学员自己去写、去开口分享、去参与活动；应尽可能多地提一些开放性的问题，问题答案没有绝对的对错之分，学员感觉压力很小，参与度会明显增加。

融入团队，是指在开场活动中，培训师可以结合"社交"要素设计一个融入环节，让学员在学习团队里互相介绍、互相熟悉、平等交往，满足学员的融入需求。这样，可以让他们感觉周围的人和自己基本上是"属于一类"的，便于协作学习活动的开展。另外，个别对培训有排斥感的"问题学员"，可能不在乎被培训师"孤立"，却接受不了被其他学员"孤立"，这样，可以促使"问题学员"参加团队的学习活动。

强化互动，是指培训师在培训过程中有针对性地设计一些培训师、学员双边或多边交往的教学活动，有问有答，有引有思，共同探讨，互相交流，互相倾听，感悟分享，让学员充分展示自我，让学员的主体地位在课堂上得到落实和凸显。由于人有社交和融入的需要，随着课程的深入，在教学活动中经常性地融入社交活动，将有助于增加培训师、学员间的相互了解，满足学员掌握学习内容以外的社交需要。

（4）强化体验激发成就动机。 强化体验，就是培训师通过设计培训情境，巧妙运用讨论、练习、竞赛、演示、分享等技法，让学员在参与、体验的过程中发现和解决问题，提升专业技能，增强自信心。强化体验可以激发成就动机，让学员有成就感。

强化体验除了设置合作学习情境，多给学员自我表现的机会外，还应注意适时激励和展示成果。

适时激励，是指培训师运用一些有效激励的手段，让学员"心甘情愿"地去学习。"水不激不跃，人不激不奋。"在课堂教学中，巧妙运用激励，可以鼓舞学员积极投入学习活动。课堂教学时，培训师可从两个方面对学员进行激励。一是恰当运用激励语言，激发学员的学习兴趣。例如，培训师适时带动全体学员为回答问题很好的学员鼓掌，这样会使学员产生一种被欣赏的感觉。二是适时运用激励方法，培养学员的竞争意识，提高课堂效率。例如，将竞争机制引入课堂，开展一些竞赛活动，在即使是毫无直接兴趣的智力竞赛活动中，因渴望取胜而产生的间接兴趣，也会使学员忘记事件本身的乏味而兴致勃勃地投入到竞争中去。

展示成果，是指培训师在完成培训的阶段任务时，及时让学员展示自己的学习成果，使他们产生成就感。培训师可根据课程内容的特点，从知识的运用、能力的形成、观念的改变等方面，让学员通过现场作业、回答问题、演示技能、分享观点等方式，把学员的学习成果充分展示出来，提高学员学习的自信心。

二、认知减负原则

认知减负原则是指在教学设计时，必须重视工作记忆容量的有限性，有意识地控制认知负荷。

所有有意识的认知活动都发生在工作记忆中，然而受到它的能力限制，除了保证最基本的认知过程，其他任何稍显复杂的活动都可能会造成认知超载。所有轻视或者忽视工作记忆能力有限性的教学设计都必定是有缺陷的。

教学过程中减少学员的认知负荷，可以从以下三个方面着手。

(1) 用样例替代部分练习。 样例有多种形式，包括展现解决问题的每一步的图示、动画演示、文本描述、他人操作过程的录像以及专家解决问题时的思路呈现等。用样例替代部分练习能够缩短针对某部分内容的学习时间，学员学习样例时可以把他全部的工作记忆能力投入到新知能的学习上，而不需要把有限的认知资源分配到解决问题本身上。

(2) 注意讲演结合。 讲演结合，就是合理利用视觉和听觉呈现，充分利用工作记忆容量。我们可以把工作记忆看成是拥有两个储存系统的处理器，其中一个负责处理听觉信息，另一个负责处理视觉信息。如果使新信息在两个系统中均衡分布，便会最大限度地利用工作记忆有限的能力。

(3) 减少一次性呈现的新信息量。 学员一次性面对太多的新信息可能导致认知超载，要规避这种情况的发生，可以从以下几个方面进行处理。一是将学习内容分块呈现以保持较低的信息呈现密度；二是由学员控制自己接受教学信息的速度；三是围绕教学目标，按"必需够用"的原则精炼教学材料，去除拓展信息；四是事先讲授相关概念，再进入教学的主体部分，分散认知负荷；五是及时觉察和纠正认知超载。

三、集中注意原则

集中注意原则是指在设计教学材料和教学活动时，应该唤起学员的注意，将注意引向最重要的教学内容上，尽量避免分散注意力。

关于注意，有一个极好的比喻：注意就好像用手电筒照亮物体，能不能照得很亮取决于两个方面的因素，一是电力足不足，二是能不能集中光线。注意也是一样，一是"能不能"，二是"有没有"。"能不能"主要指的是唤起的水平，唤起的水平高就好像电力充足；"有没有"主要是指注意的集中和分散。

学员在学习过程中的注意状态受多种因素影响，包括：教学材料和学习环境的特点，学员的原有知识、学习目标和元认知技能，学习过程中要完成的任务，等等。

教学过程中唤起和集中学员的注意力，可以从以下五个方面着手。

(1) 调控物理环境。 保持室内有充足的光照和通风，对预防疲劳效果很好。教学场所最好比较凉爽，太暖和的环境容易让人昏昏欲睡。

(2) 避免疲劳。 在一段的讲授或阅读之后，可以让学员做练习或开展小组活动。

(3) 鼓励参与和表现。 教学情境必须包含适度的挑战性，让学员感到他要对自己的学习行为负责，让他们切实参与到教学活动中来。

(4) 告知学习目标。 如果学员清楚学习目标是什么，他们就知道该用怎样的表现来证明自己掌握了新知能，就会把宝贵的注意资源用在最重要的内容上。

(5) 减少干扰。 要尽量避免课堂中出现让学员分心的东西，包括有声响的、闪光的或者运动的物体，或者与核心内容无关的笑话或小游戏，它们很容易将学员的注意力从教学内容上引开。

四、心智建模原则

心智建模原则是指在进行教学时，不仅仅是为了让学员拥有相关领域的知能，更重要的是让学员能以一种相当高效的方式将该领域中的知能整合起来，形成相应的心智模式。教学时应该创设一个最有利于建构适当心智模式的环境，让学员将进入工作记忆的新知能，同长时记忆中的旧知能整合起来形成心智模式。

建构心智模式的教学应该是能够引发支持学习目标的编码过程，促进编码的方法可以分两类：内隐编码方法和外显编码方法，如表 1-1 所示。

表 1 - 1　　　　　　　　　　　　促进编码的方法

学习结果	内隐编码方法	外显编码方法
记忆 （再认/再现）	记忆术 表征型图示	机械复述
复杂心智模式	组织型、变换型和解释型图示 比拟 实例	精细复述

　　内隐和外显的编码方法都是立足于促进学员主动的认知加工，区别在外显编码方法能引发可见的活动，以学员活动为主实施，而内隐编码方法在促进认知的过程中可能没有什么可观察的外在表现，以培训师备课时的技术处理为主实施。

　　教学过程促进学员建构心智模式，可以从以下五个方面着手。

　　（1）用合适图片支撑教学内容。使用语词和合适的图片共同呈现教学内容，比单纯的语词呈现能获得更好的教学效果。

　　与教学内容有内在关联性的图片可以通过视觉和语音的双重编码促进学习。比如，当学员看到一幅变压器的图片，他可能同时以两种形式对它进行编码，也就是变压器的图片和"变压器"这个词，因为当他看到图上是一台变压器时，他的心里会自然而然地响起一个声音——"变压器"。

　　不同类型的图片有不同的心理功能。想在教学中用好图片，不能只看其表面特征，还要关注图片怎样能支持学习过程。不同类型图片的功能见表 1 - 2。

表 1 - 2　　　　　　　　　　　　图片功能分类

类型	用途	举例
装饰型	增加审美价值趣味	讲欧姆定律时加入欧姆本人的图片
表征型	呈现教学内容的外观	销售培训时呈现新产品的照片

续表

类型	用途	举例
记忆术	将新知与熟知的事物作关联，促进事实信息的记忆	讲授安全"人、物、管、环"管控时呈现人员、器物、制度和环境的图片
组织型	说明教学内容，展现各内容之间的关系	展现课程主题的概念地图
变换型	呈现事物随时空发生的变化，以揭示事物工作的机制或者完成某过程所需的步骤	展现断路器工作过程的动画；展现微课制作的流程图
解释型	将一些原本看不见的关系用图示表现出来，帮助理解事实或过程背后的原理或功用	展现电网运行情况示意图；展现温度或者其他变量随时间变化的曲线图

（2）让例子发挥最大的作用。例子是指教学中使用概念、程序、过程或者原理的实例。用正例来说明一个概念是什么，同时用反例说明它不是什么，给出清晰的边界，这对复杂概念的理解很有帮助。例如，在介绍PPT画面的设计原则时，可以用多个PPT的画面截图作为例子，这些例子的表面特征是多种多样的，包含了丰富的插图、动画和文本等，其中一些体现了设计原则，而另一些违背了设计原则，通过对这些正例和反例进行分析，学员能慢慢建立起关于什么才是友好画面设计的心智模式。

比起解释来，学员通常更喜欢例子，既然例子既有效又受欢迎，在教学中培训师应多多使用。在使用例子时，培训师应引导学员对例子进行认知处理，在例子中嵌入问题，或者要求对例子进行释义，让学员准确把握例子背后的原理，这样会达到非常好的教学效果。

（3）用好比拟技巧。比拟就是作出比喻或类比。比较两个（或者两组）非同类的事物，它们虽然属于完全不同的范畴，却在结构、功能或者引发机理方面有某种相似性，通过比拟，可以利用熟悉的东西，帮助学员理解新知。

要设计一个好的比拟需要以下三步。首先，基于对教学内容的分析，应把握帮助学员建立新的心智模式的关键特征是什么；其次，从其他领域找出一个或者几个与教学内容有相似特征的简单熟悉的事物；最后，描述喻体和本体的相似之处，将比拟呈现给学员。比如，对于生理学"胃肠蠕动"这一概念，其关键特征是利用持续的压力使管状结构的物质从一端移向另一端，可以寻找与这一特征相似的非生理学的简单熟悉事物——"挤牙膏"，再运用"挤牙膏"来解释"胃肠蠕动"。

（4）保持机械复述。保持机械复述是将工作记忆中的信息原模原样地不断重复。例如，在公司新产品推介的培训课程中，内容讲授完后要求学员列出新产品的特征及优点，就属于机械复述。

机械复述并不能促进学员的记忆，无论重复几次，回忆的效果都不会有明显的提升，对构建简单心智模式没什么促进作用。通常情况下，培训师不应该让学员花费时间和精力进行机械复述，除非学员要执行复杂任务，而执行过程当中需要自动化地做出一些反应，保持迅速而准确，比如对飞行员或者电网调度员的培训，就需要学员不断地重复练习。

（5）进行精细复述。精细复述是指将要记忆的信息与已储存在长时记忆中的信息建立联系的过程，这种复述对信息进行"精加工"，从而能够建立心智模式。相比机械复述，精细复述能产生更深层次的学习效果，是教学中广泛应用的复述方式。

精细复述主要可以用以下几种外显的形式开展。即：①提出一些能带来深层次学习的问题（并非事实的、封闭的和有唯一答案的问题）；②布置有效的作业练习；③让学员自己提出问题；④让学员解释他们解决问题的每一个步骤；⑤提供合作学习的机会。在开展这些外显活动时，应注意对学员给予有效的反馈，促进信息的精细加工。

第二章 教学设计相关常识与常见模式

本章速览

本章主要介绍了教学设计相关常识和六种常见的教学设计模式。六种教学设计模式包括：ADDIE 模式、马杰模式、史密斯和拉甘模式、四元教学设计模式、戴维·梅里尔模式和盛群力课堂教学结构模式。本章将帮助您对教学设计的内涵和教学设计模式有一个较为整体的了解，为后续培训课程教学设计模型的学习提供铺垫。

第一节 教学设计相关常识

一、教学设计的缘起

教学设计诞生于美国，第二次世界大战爆发时，大批富有经验的教育心理学研究者被征集起来，去指导与军队服役和工厂工人培训相关的教材研发和人员选拔工作。二战结束后，这批教育心理学家继续为解决教学问题而工作，并开始将训练视作系统，试图开发包括一系列创新的分析、设计和评估程序在内的比较正式的教学系统，这被认为是最初的教学设计。

二、教学设计的含义

教学设计的演变主要来自两个领域。一是心理学尤其是学习理论，二是媒体和传播领域。以下是当代几位著名的教学设计理论家的观点。

加涅认为：教学设计是一个系统地规划教学系统的过程。教学系统本身是对资源和程序作出有利于学习的安排。

史密斯和拉甘认为：教学设计是系统地同时也深思熟虑地将学与教的原理转换成教学材料、教学活动、信息资源和教学评价的计划的过程。

梅里尔认为：教学设计是一种用以开发学习经验与学习环境的技术，这些学习经验与环境有利于学生获得特定的知识技能，其目的是确保最终的教学成品能够促进效果好、效率和参与度大的学习。

珀金斯主张教学应该包括：清晰呈现内容——说明与举出目标、相关的知识和预期的业绩；深思熟虑操练——学习者积极参与和主动反思所学到的东西；提供信息反馈——对学习者的学业表现做出清晰、完整的反馈；激发内外动机——提供能够不断鼓励学习者进步的各种机会与活动。

赖格卢特认为：教学设计是一门涉及理解与改进教学过程的学科。任何设计活动的宗旨都是提出达到预期目的最优途径，因此，教学设计主要是关于提出最优教学方法的处方的一门学科，这些最优的教学方法能使学习者的知识和技能发生预期的变化。其基本主张是如何帮助学习者学习，即确定帮助学习者建构知识的途径，也就是教学情境和教学方法。

盛群力认为：教学设计是要创设一个有效的教学系统。在这个有效的教学系统中，原来被强调的是教师、学习者和教材三要素，现在强调的是教学目标、教学实施和教学评价的一致匹配。从教学论的三角形到教学设计的三角形，这是有效教学观念的一个重要突破。教学设计旨在精心设计一个有效的教学系统，这是一个人为的系统，系统各部分（如师生主体、教学目标、教学策略、教学评价等）围绕提高学习者的综合素质与能力这一目标展开运行。系统思维是教学设计强有力的武器，在教学设计中有两个表述词汇，一是统揽全局，着眼整体，这样才能站得高，看得远；二是循序操作，层层落实，倡导从行动中突出设计的程序化或计划性，使得教学的各项外部条件环环相扣，层层落实。

三、教学环节常见模型

20世纪80年代以来，依据现代心理学的新发现及其对学与教关系认识的加深，教学设计界提出了一些新的教学环节模型，如表2-1所示。请注意，表中没有列出学习过程，实际上，几乎每一个教学步骤的划分，都离不开对内在学习过程的刻画。

表 2-1 教学环节模型一览表

创作者	教学环节
罗米索斯基 （1984）	1. 引起注意与激发动机；2. 说明教学具体目标；3. 回忆与补救相关旧知能；4. 展开教学活动；5. 展开学习活动；6. 反馈活动；7. 学习迁移；8. 课程评价（必要时）；9. 总结与加深学习
加涅 （1985）	1. 引起学习注意；2. 交代教学目标；3. 回忆相关旧知；4. 呈现新课内容；5. 提供学习指导；6. 引发行为表现；7. 给予信息反馈；8. 评估行为表现；9. 强化保持/迁移
盛群力 （1993）	1. 指引注意，明确意向；2. 刺激回忆，合理提取；3. 优化呈现，指导编码；4. 尝试练习，体验结果；5. 评价反馈，调整补救；6. 强化保持，迁移扩展
耶伦 （1996）	1. 激发动机；2. 交代目标；3. 复习旧知；4. 提供概览；5. 精心讲解；6. 示范说明；7. 积极操练；8. 反馈调整；9. 小结提炼；10. 统整所得；11. 回顾缘由；12. 检查学业
史密斯和拉甘 （2001）	1. 注意；2. 目标；3. 动机；4. 定向；5. 原有知识；6. 加工信息；7. 聚焦注意力；8. 学习策略；9. 练习；10. 反馈；11. 巩固；12. 迁移；13. 再次激励；14. 评估；15. 反馈
梅里尔 （2002）	1. 聚焦任务；2. 激发旧知；3. 示证新知；4. 尝试练习；5. 融会贯通

四、教学设计研究的未来趋势

当今人类社会正在经历从工业时代到信息时代的转型，从标准化到用户定制、从官僚组织到基于团队的组织、从中心控制到基于责任心的自治、从对抗性关系到协作性关系、从专制的决策到共同的决策、从服从到主动、从一致性到多样性、从间隔化到整体化等。这些根本性的变化对教学有着重要的启迪。它表明，信息社会的成员必须具备解决问题的能力、在团队中工作的能力、沟通的能力，具有主动性，并能提出不同的观点。总之，人人必须学会学习，学会合作，学会反思，学会充分发掘出自己的独特潜能与创造性。

当人类的活动系统或社会系统发生重大的系统变革时，作为子系统的教学系统、教学设计系统也必然要以相应的方式经历重大变革以维持自身的存在，教学设计作为一个研究领域，目前的变革更是处在一个从量变到质变的关键阶段。这意味着传统的教学范式必须从标准化改变为根据学习者的需求进行定制，从关注教材的呈现改变为重点分析学习者的需求，从内容的灌输改变为帮助学习者理解。

在教学设计研究领域中，所发生的意义最深远的变化是因建构主义的缘起而产生的。建构主义是一系列相似的有关学习与教学的新观点的集合，持建构主义观点者强调，学习者只有通过对自己经验的解释，才能建构自己对真实的理解；学习者只有通过广泛的社会协商，才能建构具有社会意义的新知识，学习者只有浸润于人类文化的脉络之中，才能获得完整意义的知识。它对教学设计者的影响确实值得瞩目，而且它和其他有关学习的创新思想一起还必然对该领域的发展产生深远的影响。

与建构主义思潮同时产生的还有学习理论的创新，有关学习的隐喻也从学习是反应的强化、学习是知识的获得，转变为学习是知识的建构、学习是意义的社会协商、学习是实践的参与，由此，与之相应的新的教学隐喻也凸显出来，即教学是创建优化的学习环境、教学是组建学习者共同体、教学是构建实践共同体等。全新的学习理念使教学设计更加重视回应学习者的需求，更加注重发掘学习者的潜力，更加重视学习现象的社会性和实践参与性。这种对于知识建构性、意义协商性、认知的情境脉络性的学习观的共识，必然对教学设计领域研究的拓宽与深化产生重大影响。

知识管理也是影响教学设计领域的趋势之一。知识管理侧重于创建信息系统、共享知识、管理智力资本、增强工作绩效等。这要求教学设计者和培训专家不仅要负责改进人的实作能力，而且还要负责改进对有用的组织知识的访问，很可能大大拓展教学设计研究与相应的技术开发的空间。

随着教学理论和技术手段的不断创新与发展，教学设计必将成为以高技术为支撑，促进人的学习，发展人的潜力，支持社会协商合作，鼓励实践参与，开放包容，具有反思精神与自我更新能力，不断发展的创新系统。

第二节　教学设计常见模式

一、ADDIE 模式

ADDIE 是指一套有系统地开展教学的方法。ADDIE 的五个字母分别表示五个阶段：analysis（分析）、design（设计）、development（开发）、implementation（实施）、evaluation（评价），各个阶段之间彼此联系，相互支持。

图 2-1 说明了每个主要阶段是怎样和其他阶段联系的，实线指从分析到评价的过程流向，虚线则指反馈的路径。在 ADDIE 五个阶段中，分析与设计属前提，开发与实施是核心，评价为保证，三者互相联系，密不可分。

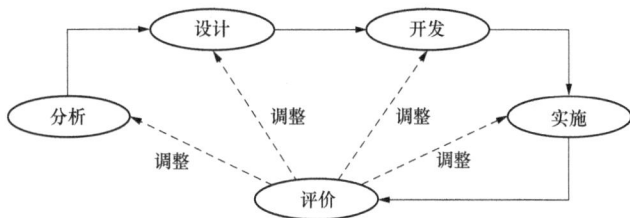

图 2-1　教学设计的 ADDIE 模式

ADDIE 模式为确定培训需求、设计和开发培训项目、实施和评价培训提供了一种系统化流程。其最大的特点体现在三个方面，一是将以上五个步骤综合起来考虑，避免培训的片面性；二是针对培训需求来设计和开发培训项目，避免培训的盲目性；三是对各个环节进行及时有效的评价，确保培训项目高质量实施。

二、马杰模式

马杰是当今国际上公认的最有影响力的培训与教育专家之一，他认为，系统设计教学是一种目标导向的系列活动，无非是要回答三个类别的问题：①我们要到哪里去？②我们怎样到那里去？③我们是否到了那里？

马杰以当今教学与培训设计的先进理念为依托，依据培训设计界通用的 ADDIE 模式，具体讨论了分析业绩、分析目标、分析任务、确定教学具体目标、落实知识技能分层、明确课程先决条件、配置标准测试、提供针对性练习、确定教学内容、选择教学传递方式、安排教学模块、安排试教、安排教学顺序、制订上课程序、做好准备工作、实施教学和教学改进等各个教学设计具体工作（见图 2-2）。

马杰认为，尽管教学设计过程是按照实际完成的大致顺序来阐述这些步骤，但并非指进入后一步骤后，就可以将前面的步骤抛之脑后了。教学设计总是要求瞻前顾后，通盘考虑。此外，在实际操作中，当我们发现可以通过其他方式实现满意的业绩时，也就该停止教学设计了。教学系统开

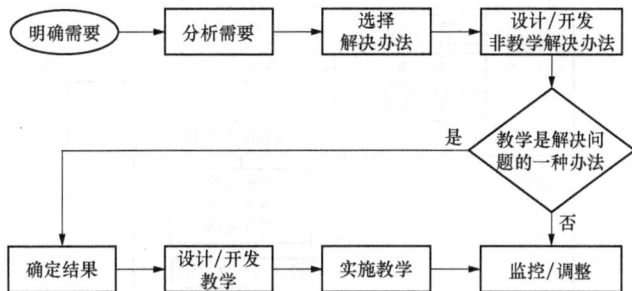

图 2-2　教学设计过程（马杰模式）

发程序不限于某一学科、专业或职业，如果不考虑教学目的，程序设计是基本相同的。

三、史密斯和拉甘模式

当代著名的教学设计理论家史密斯和拉甘认为，明确教学设计的一种方式是探讨系统规划教学所涉及的过程。从最一般的意义上说，教学设计者的任务是要回答三个基本问题：①我们要到哪里去（教学的目标是什么）？②我们怎样到那里去（需要有什么样的教学策略和媒体）？③我们如何知道是否达成了目标（如何检测，如何评估与教学调整）？如果从教学设计人员在设计与开发过程中所要做的事情的角度来看，以上三个问题就变成：①实施教学分析以确定我们将到哪里去；②开发教学策略以确定我们如何到那里去；③开发与实施评价以确定我们如何知道是否到了那里。

在史密斯和拉甘看来，教学设计模式是教学设计过程的一种形象表征，由此突出各个要素及其相互关系。他们将教学设计过程划分为教学分析、策略设计和教学评价三个阶段，如图 2-3 所示。

第一阶段，分析学习环境、学习者特征和学习任务（包括教学目标分析和教学内容分析）。第二阶段，确定三类教学策略：一是教学组织策略，包括教学内容应该按哪种方式组织、教学程序应该如何排列以及具体教学

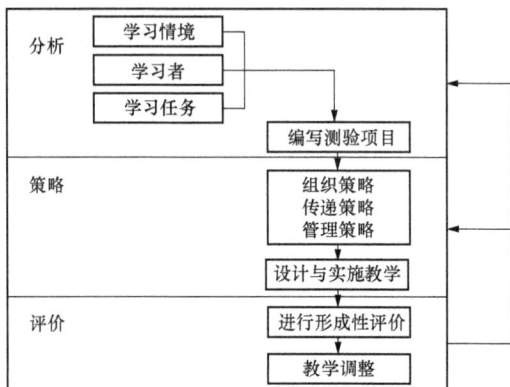

图2-3　教学设计过程模式（史密斯和拉甘模式）

活动应该如何安排等方面；二是教学内容传递策略，指有关教学媒体的选择、使用以及如何将学生组织起来等方面；三是教学资源管理策略，即如何对教学资源进行计划和分配等方面。第三阶段，进行形成性评价，对预期的教学过程进行修正。

　　史密斯和拉甘虽然用线性的序列列出了教学设计的各项活动，但是他们同时指出，实际的教学设计工作并不一定完全是套用这样刻板的序列，许多情况下，教学设计的多项活动是同时开展或者循环往复多次的，尤其是在"心里"设计活动时更是如此。

　　史密斯和拉甘强调，在教学设计活动中，要保证教学目标、教学策略和教学评价三者之间的一致性。所谓"匹配一致"，就是指教学策略（方法）、学习任务（目标）与达到学习结果的检测互相吻合和配套。这种意图与行动的匹配在课程开发中也一直被称为"课程协同原理"。

四、四元教学设计模式

　　四元教学设计模式是20世纪80年代后期，由国际著名教学设计专家荷兰的范梅里恩伯尔教授研发的，目前已经成为很有影响力的教学设计模式之一，广泛应用于职业教育和普通教育中。

四元教学设计包括了学习任务、相关知能、支持程序和专项操练四个要素，实际应用中还可以扩展为十个复杂的学习步骤，这些步骤包括分析综合技能、各类任务排序、学习任务设计、分析心理模式、分析认知策略、设计辅助信息、分析规则及程序、分析前提知识、设计实时信息、设计部分任务练习。这些步骤阐述了教学设计者常用的设计过程，以达成有效果、有效率和有魅力的面向综合学习的学业培养方案。

范梅里恩伯尔提出的这种教学模式，将工作分析作为教学设计的起点，旨在培养复杂知识和技能，例如编写复杂的计算机程序、航空交通指挥、准备法庭辩论等。多数复杂的工作同时包括近迁移和远迁移任务，而四元教学设计能将这两类任务的训练结合起来，这对我们探索促进解决以上两类问题的教学有极大的启发意义。

五、戴维·梅里尔模式

戴维·梅里尔是当代国际著名的教育心理学家和教学设计理论家，经过多年研究，梅里尔在总结归纳了众多教学设计理论和模型的基础上，得出如下结论：所有的教学设计模型都应该遵守一组共同的处方性教学原则，旨在实现效果好（effective）、效率高（efficient）、参与度大（engaging）的 3E 教学。这就是经过实践验证的"首要教学原理"，具体包括以下五条基本原理。

（1）**面向任务原理。** 只有当学习者接受以任务为中心的教学方法，并且这种任务包括组成技能的展示和应用时，才能促进学习。当学习者接受一组渐进式的完整任务时，以任务为中心的教学效果才能得以提升。

（2）**激活旧知原理。** 当我们要求学习者回忆、描述、展示相关旧知和经历时，就能激活学习者的相关认知结构，此时才能促进学习。当学习者组织新知识时能够回忆或者获得一种结构，那么激活旧知的效果得以提升。

（3）呈现新知原理。当教师能够向学习者展示目标技能，并且和学习者将要学习的内容保持一致，此时才能促进学习。当学习者接受指导后能够把特殊和一般联系起来，那么展示的效果得以提升。当学习者获得与课程内容相关的媒体信息，展示的效果将再次得以提升。

（4）尝试应用原理。当学习者能够应用新近获得的知识和技能，并且这些知识和技能与所学的内容保持一致时，此时才能促进学习。只有给予学习者涉及本质的正确的反馈，应用活动才能凸显成效。若学习者得到指导，并且这种指导在后续任务中逐渐撤除，应用的效果得以提升。

（5）融会贯通原理。当我们要求学习者对新知能进行反思、讨论和思辨，通过这些活动学习者将新知能整合到现实生活中，才能促进学习。当学习者能够在自身所处的特定情境中以创造、发明和推断个性化的方式来应用获得的知能，整合的效果将得以提升。当学习者能够公开展示获得的知能，整合的效果再次得以提升。

梅里尔提出的首要教学原理，或称五星教学原理，如图2-4所示。

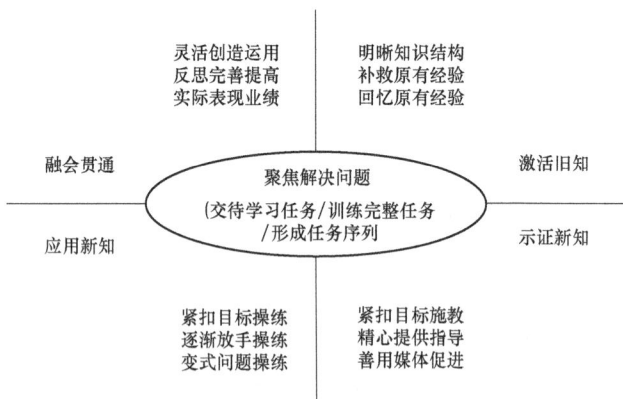

图2-4　首要教学原理示意

首要教学原理，围绕"聚焦解决问题"，强调教学是这样的一个不断重复的循环：激活原有知识—展示论证新知—尝试应用练习—融会贯通掌握。其中，解决现实中的问题是核心，一切教学活动，都必须围绕解决问题开展。

聚焦问题。所有的教学活动，都是为了解决现实中的问题而产生，这个问题可能是某个事实或概念，也可能是程序或原理。通过情境提出问题，交代学习任务，开启教学活动，并在整个教学活动中，时刻提醒自己：聚焦！聚焦！！聚焦现实中的问题，保证教学活动不偏离解决这个问题的目标。

激活旧知。激活旧知不是指"上节课我们讲了……，这节课我们接着讲……"，这样开场，很容易把课堂气氛搞僵。激活旧知是要引导学习者回忆、联系、描绘甚至应用他原来的生活体验和相关的知识。激活旧知是学习者主动地思考，而不是你替他说出某些你认为的"体验"。

示证新知。示证新知不是仅仅陈述要学习的内容，还要展示所教概念的正例和反例，或者展示某一过程，对某一过程做出生动形象的说明和行为示范。示证新知，要紧扣目标、简单有效、直击痛点、有理有据。现代信息技术的发展，给了示证新知更多的促进。

应用新知。应用新知要分步骤，有紧扣目标的操练、有逐步放手的操练，还要有变式的问题，一步一步，引导学习者应用新知，并经过主动思考、探索来巩固和强化。经过大量刻意的训练，更新了旧有的认知，改变了思维的定势。

融会贯通。这个过程指的是将新学到的知识迁移到生活和工作，这点在课堂教学中难以实现。不过，我们可以提供机会让学习者公开展现他所学的知识，提供反思、讨论，让他灵活运用自己所学的新知。

从认知主义到建构主义，课堂教学的有效性一直是人们追求的目标。梅里尔根据首要教学原理提出了内容优先的波纹环状教学设计模式，即层层扩展，涟漪不断，如图2-5所示。

该开发模式的第一步以"聚焦解决问题"为起始环节，选择某个具体的复杂的真实任务，以代表期望学习者在教学活动结束之后所做的事情。

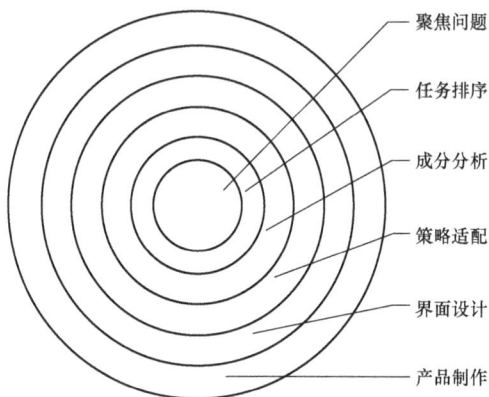

图 2-5　波纹环状教学设计模式（梅里尔）

第二步是确定一组复杂的真实任务的先后顺序；第三步是教学成分分析，第四步是教学策略适配，第五步是教学互动界面设计，第六步是课件制作或定型产品制作。这系列环节好比是投石击水，波纹迭起，逐渐扩展，直至最终完成教学设计的整体工作。波纹环状教学设计模式改变了以往教学设计中只注重相对抽象的目标分析，代之以更为具体的内容设计，对教学设计模式的发展会起到很好的推动作用。

首要教学原理做到了尊重历史遗产和与时俱进的创新相结合；认知主义和建构主义理论兼收并蓄、博采众长；汲取了各种教学原理共通的成分。首要教学原理的实质是：具体的教学任务（教事实、概念、程序或原理等）应被置于循序渐进的实际问题解决情境中来完成，即先向学习者呈现问题，然后针对各项具体任务展开教学，接着再展示如何将学到的具体知识运用到解决问题或完成整体任务中去。只有达到了这样的要求，才是符合学习过程（由"结构—指导—辅导—反思"构成的循环圈）和学习者心理发展要求的优质高效的教学。

六、盛群力课堂教学结构模式

盛群力教授是我国教学设计理论研究方面的著名专家，以下是他在教学设计方面的相关成果。

课堂教学结构包括五个方面，即：启动——动机/兴趣/注意/目标；导入——复习/提示回忆/补缺；展开——呈现/编码/练习/反馈；调整——补救/补充；结束——小结/照应/提示课后作业。

良构问题（答案只有一个）的教学结构可从五个方面具体呈现，即：明确任务要求（问题空间），交代解题收益（针对程度）；提取相关旧知（确保"进入"），展示解题路径（程序配置）；新知编码组织（文内联系），新旧融会贯通（文外联系）；尝试应用体验（心理证实），渐减支架辅助（由扶到放）；匹配一致检测（习得评估），巩固迁移活用（形成智慧）。

非良构问题（答案不只一个）的教学结构可从五个方面具体呈现，即：贴近生活现实（善用模拟），营造创意氛围（心理放松）；明确问题性质（问题甄别），分析情境制约（情境审视）；澄清不同主张（利弊斟酌），生成多种方案（视角拓展）；协商探寻之道（选择尝试），展示解决智慧（表现习得）；衡量利弊得失（优劣分析），反思调整完善（追求至美）。

一堂好课的标准主要体现在七个方面，即：80％的学习者达到80％的具体目标；任务定位准确、目标具体完整并向学习者有所交代；目标、策略（方法）、练习与测试对应匹配；了解学习者情况，利用学习者已有经验；学习者参与度大，学习者在课堂里有心理安全感及心理自由感；课程结构合理完整，进程有序；教学富有吸引力，激起学习者继续学习的愿望。

第三章　培训教学设计模型构建

本章速览

　　本章首先介绍了企业培训的相关常识，根据培训课程的特点说明了培训课程教学设计的含义，介绍了培训课程教学设计模型构建的理论依据、技术路径、模型框架和工具表单，重点描述了培训课程的教学流程、课程设计的技术路径和模型的操作要义。本章将帮助您对培训教学设计 A-PRICE 模型框架有整体了解，为后续学习和掌握模型的技术要领打下基础。

第一节　企业培训常识

一、企业培训的含义

　　企业培训是指企业为了提高人员素质、工作能力、工作绩效和对组织的贡献，而实施的有计划、有系统的培养和训练活动。企业培训是推动企业不断发展的重要手段之一。

　　企业培训的最终目的可以归结为一条：即通过提高员工工作绩效来提高企业工作效率，促进企业员工个人全面发展与企业可持续发展。

　　现代企业对人力资源总体素质提出了新的要求，要求人力资源具有竞争性、学习性、创新性、团队精神等特征。从个体来说，员工要满足现代企业人力资源的要求，消除个人学习的有限性和滞后性与知识增长的无限性和快速性产生的反差，就必须参加培训，接受继续教育，扩充知识、提升技能、改变态度，为其进一步发展和担负更大的职责创造条件，从而满足员工自我成长的需要。从企业来说，员工通过培训，可在工作中降低因失误造成的损失；同时，可以获得新方法、新技术、新规则，使其工作质量和工作效率不断提高，从而提高企业效益。

企业培训是一个由多种培训要素组成的系统。它包括了培训主体、培训客体、培训媒介；包括了培训的计划子系统、组织子系统、实施子系统、评估子系统；同时还包括了需求分析过程、确立目标过程、订立标准过程、培训实施过程、信息反馈过程、效果评价过程等。

二、企业培训师的角色定位

企业培训师与学历教育的教师在角色定位上存在一定的差异，主要表现在以下三个方面。

企业培训师扮演企业文化传播者的角色。作为素质优良的企业员工，企业培训师肩负着传播企业文化的使命。他们参与企业文化建设，践行企业文化理念，深悟企业文化内涵。作为企业的传道者，在员工培训中，企业培训师能够准确地传递和诠释企业价值理念、制度规范，解读和示范在企业生产、经营、管理活动中的行为方式，把企业文化的种子播撒在员工心中，生根、发芽、开花、结果，用润物无声、潜移默化的力量弘扬企业文化，增强企业凝聚力。

企业培训师扮演知识技能传承者的角色。作为业务精湛的企业员工，企业培训师肩负着传承知识技能的重任。他们拥有扎实的专业理论知识、丰富的生产实践经验，技术一流、技能过硬、技艺精湛；并且具有熟悉企业内部情况、了解员工实际需求的天然优势。在企业培训中，企业培训师能够有效地传授知识、传承技能、分享经验、答疑解难、指导工作，帮助员工提高专业技能和业务水平，使企业内部的优秀经验、技术成果和专业技能得以积累共享、沉淀升华和有效传承。

企业培训师扮演专业创新传导者的角色。作为专业精通的企业员工，企业培训师在"授人以鱼"的同时，肩负着"授人以渔"的职责。他们站在企业专业领域的前沿，不断探索、推广和应用新理论、新技术和新工艺，具有深厚的专业底蕴。在企业培训中，企业培训师不仅传授最新的专业创新成果，而且将专业创新的理念、方法、路径等传导给企业员工，启迪创新思维，激发创新潜能，提升创新能力，促进企业专业技术进步。

三、成人学习的特点

成人学习与传统学历教育学生的学习有很大的区别，主要有以下六个特点：

一是多重责任、不愿负压。成人学习者有很多事情需要平衡，如工作、家庭、生活等，个人的工作和生活责任可能影响学习，工学矛盾比较突出。由于需要挤出时间用于学习，加上工作、生活本身的压力，他们更希望学习时能有一个轻松的环境。

二是自信自主、好要面子。成人学习者来自工作现场，有丰富的工作经历和经验，他们希望与老师是平等关系，得到尊重和认可。

三是功利实用、过高期望。成人学习者讲究实用，他们通常更喜欢能够提高技能、有助于工作的实用性知识和信息。他们的期望值很高，希望学习对工作有帮助，并且能够立竿见影。

四是固守经验、不易改变。成人学习者成熟并且具有丰富的人生经验，通常会比较固执，他们习惯于将以往的工作、经验和新事物联系起来，并基于以往的知识来确证新的概念；他们思维相对不够开放，不易接受改变。

五是速度渐缓、容易疲倦。成人学习者的年龄对学习有所影响，随着年龄的增长，学习的速度会逐渐减缓；如果学习时间偏长，容易出现疲倦现象，课堂学习时经常会开小差。

六是注重理解、不愿强记。成人学习者对新知识、新概念更习惯于理解记忆，如果遇到很多需要机械记忆的问题，他们往往会产生抵触情绪。

基于上述员工学习的六大特点，培训师应该遵循以学员为主体的理念，尊重学员的意愿、情感、需要和价值观，与学员建立良好的人际关系，形成和谐的学习情境和氛围，这样才能把学员学习的积极性调动起来，主动参与培训活动。

四、培训课程的特点

培训课程是指为实现培训目标而选择的培训内容的总和。与学历教育的学科课程相比，培训课程主要有以下六个方面的差异和特点：

一是培训课程的课程定位要求基于企业的现实需要和学员的成人差异性；

二是课程目标要求能够尽量在短期内转化为工作绩效，目的性非常突出；

三是课程内容更多是跨学科的内容组合，会根据培训目标进行有针对性的选择；

四是课程执行要求遵循成人的认知规律，更多采用参与式、体验式的培训方法；

五是课程评价采用双重评价，既要评价培训"过程"的质量，即学员对培训内容的接受程度，也要评价培训"结果"的质量，即培训内容转化为工作绩效的程度；

六是评价方式有课程考试、培训效果评估和工作绩效考评等，而不仅限于课程的考试和分数。

第二节　培训教学设计 A‑PRICE 模型构建

一、培训教学设计的含义

培训教学设计是指企业培训师在接受培训任务后，为了最大限度地实现培训目标，对企业培训要求、学员培训需求、课程体系要求等因素系统地加以分析整理，根据学员的认知水平和课程培养目标，结合培训内容、培训地点、课程时长、学员数量、培训资源等要素，确定适合的教学目标、匹配相关的课程内容、选择恰当的教学方法手段，对教学活动系统规划、安排与决策，是系统设计教学的过程。通过课程教学设计，培训师可以整体把握教学活动的各个环节，从而保证后续教学活动的顺利进行。

培训课程教学设计遵循以解决工作问题和改进工作绩效为导向的理念，只有培训内容成功地应用到工作实践中，培训课程才算真正的有效。培训师应该把自己看作是现场专家或者绩效改进专家，在教学设计的过程中综合考虑现实工作问题以及影响工作绩效的相关因素，有效地组织课程内容实施教学。

二、培训教学设计模型构建的参考依据

培训教学设计模型构建的理论依据主要是认知主义学习理论和建构主义学习理论，主要体现在：所有的学习任务都基于为了能够更加有效地解决工作问题或完成工作任务；使用真实的工作任务整合多重内容或技能；重视学员在学习活动中的主体作用值，设计支持和激发学员思维的学习环境，给予学员解决问题的自主权，让他们自己解决问题；提供练习的机会，实现学习迁移。

培训教学设计模型构建还借鉴了一些教学设计模式的技术路径和工具，主要包括：史密斯和拉甘的教学设计过程三阶段划分、范梅里恩伯尔的四元教学设计要素、梅里尔的五星教学原理（教学五步循环）和盛群力的课堂教学结构（五个呈现方面）。

三、培训课程教学流程步骤

根据培训课程的特点，教学流程包括开场组织、课程导入、知能传授、专项操练、归纳总结和迁移扩展六个步骤，如图 3-1 所示。

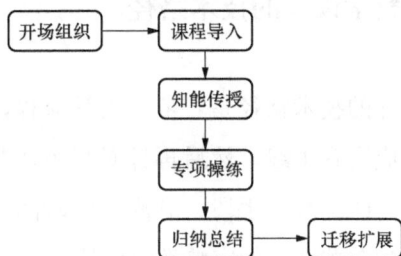

图 3-1 培训课程教学流程

开场组织。是指开始上课时，培训师建立与学员的有效联系，安定好学员的学习情绪，调剂好学员学习状态的开场活动，它是培训师正式授课前做的一些前期铺垫工作。

课程导入。是指根据课程内容的特点，采用灵活多样的形式，激起学习兴趣，提供学习方向，并将学员引导到即将讲授内容上来的教学环节。导入的内容就像梯子一样，将学员的思维与新知能有机地联系起来。

知能传授。是指将搭建的课程内容和相关的示证练习，运用合适的教学方法和手段，向学员高效传授新知能的教学活动。知能传授是整体教学流程的核心步骤，也是一堂课成败的关键。

专项操练。是指根据教学目标的要求，提供完整或者部分的再生性任务，在一个完整的任务情境下让学员进行练习，以达到较高熟练程度的作业活动。并不是在所有的培训课程都有专项操练这一环节，它只在岗位关键核心技能的培训时才有可能设置。

归纳总结。 是指对整堂课的新知能进行概括和提炼的教学活动。归纳总结的过程，不仅有利于学员对新知能的理解和掌握，还可促进学员对新知能的学习迁移。

迁移扩展。 是指学员依据学会的新知能，利用课余时间完成近迁移任务或者远迁移任务的作业活动。这种作业活动在培训教学时通常被称为行动任务，它可帮助学员巩固所学知能，并实现学以致用。

四、培训课程教学设计的技术路径

培训课程教学设计的技术路径是：依据教学流程，首先确定各个教学环节的课程内容，形成内容主线，然后再针对每个环节的内容，安排教学活动、选择教学方法、匹配教学手段、分配教学时间，最终形成指导教学实施的"五线并进，横向关联"的完整教学设计成果，如图3-2所示。

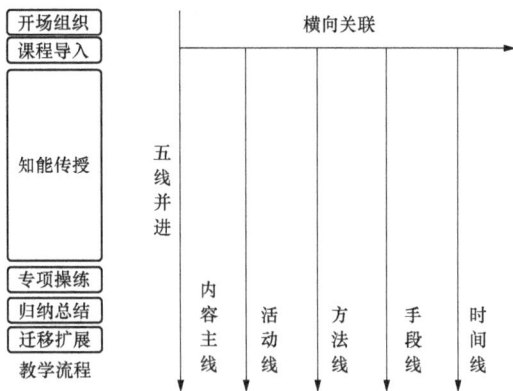

图3-2 培训课程教学设计的技术路径

五、培训教学设计 A-PRICE 模型框架

培训课程教学设计 A-PRICE 模型是根据培训课程教学设计的技术路径，指导培训师对课程教学进行设计的具体操作步骤，如图 3-3 所示。

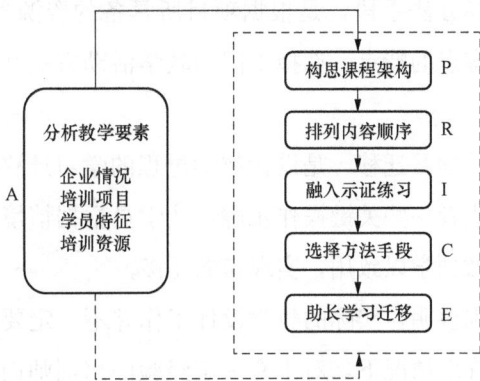

图 3-3 培训课程教学设计 A-PRICE 模型

培训教学设计 A-PRICE 模型将教学设计的任务分为六步来实施，即：分析教学要素（analyze）、构思课程架构（plan）、排列内容顺序（rank）、融入示证练习（integrate）、选择方法手段（choose）和助长学习迁移（encourage）。把六个步骤操作动作的英文单词的首个字母组合起来，将该模型命名为 A-PRICE 模型，简称为价值模型。

第一步为分析教学要素，是对企业情况、培训项目、学员特征、培训资源等培训信息进行分析，为后续的每个教学设计环节提供基本依据，确保教学设计过程中能做到有的放矢。

第二步为构思课程架构，是在教学要素分析的基础上，对培训课程进行整体构思，找出课程教学最佳解决方案。包括教学目标确定、工作问题设定、内容结构搭建、训练任务设置、教学策略适配等内容。

第三步为排列内容顺序，是将第二步搭建的内容结构中的每一个课程单元进一步细化，将课程单元中的关联知能进行排列组合，列出各单元的

纲目。

第四步为融入示证练习，是在教学单元中加入相关的示证和练习。示证是指培训师要向学员展示一个任务是如何完成的，让学员看到新知能是如何被整合到完整的任务中去的。练习是指学员根据培训师提供的示证，运用新知能独立解决新问题。

第五步为选择方法手段，是根据项目所具备的资源条件和学员特征，针对课程各个内容点的特点，选择不同的教学活动方式并匹配相应的教学方法和手段。

第六步为助长学习迁移，是设计教学过程的学习迁移环节，通过提供真实的工作任务或者一些关键操作步骤，让学员根据情境的变化灵活运用所学的新知能，做到学以致用，实现知能迁移。

有一点要特别说明，实际的教学设计工作并不一定要完全机械套用这样刻板的步骤，许多情况下，对于有一定经验的培训师而言，教学设计的多项活动是同时开展或者多次循环往复的，尤其是在"心里"设计活动时更是如此。现实情境中的教学设计模式如果要用图示表达，可能更像是一团环环相扣、层层相依的"线球"。

第三节　A - PRICE 模型操作表单

一、教学设计表单的作用

在培训实践中，从培训质量管控、培训师编制和使用方便的角度考虑，通常将教学设计成果用表单的形式来呈现。

教学设计表单具有简明扼要、重点突出、编制方便、使用便捷的特点。

教学设计表单可以清晰地将教学要素、教学目标、内容框架、重点难点、训练任务、教学策略、教学活动、方法手段、时间安排等设计成果按照一定的逻辑关系直观地呈现出来。

二、A - PRICE 模型教学整体设计表单

A - PRICE 模型教学整体设计表单主要是用来"呈现分析教学要素"和"搭建课程架构"这两步的教学设计成果，具体如表 3 - 1 所示。

表 3 - 1　　　　　　　　　××课程教学整体设计表

培训师			审核		
培训项目	项目名称				
	开发背景				
	实施目的				
	课程定位				
学员特征	学员结构				
	能力水平				
培训资源	培训环境				
	设备条件				
培训课程	课程名称				
	教学课时		上课时间		上课地点
	教学目标	知识目标			
		技能目标			
		态度目标			
	工作问题				
	教学顺序	课程单元	训练任务		教学策略
	教学重点				
	教学难点				

三、A - PRICE 模型教学实施设计表单

　　A - PRICE 模型教学实施设计表单是按照培训课程的教学流程，主要用来呈现"排列内容顺序、融入示证练习、选择方法手段、助长学习迁移"这四步的教学设计成果，具体如表 3 - 2 所示。

表 3 - 2　　　　　　　　××课程教学实施设计表

教学步骤	教学内容与培训师活动	学员活动	教学方法	教学设备	时间分配
开场组织					
课程导入					
知能传授					
专项操练					
归纳总结					
行动任务					
后记					

第二篇　A-PRICE模型实操解析

本篇按照 A‐PRICE 教学设计模型的操作步骤，从分析教学要素、构思课程架构、排列内容顺序、融入示证练习、选择方法手段和助长学习迁移六个部分进行实操解析，同时还附加了部分操作样例，帮助您全面了解各个步骤的设计要素、设计技法和操作要领，最终实现运用该模型进行切合培训实际的教学设计。

第四章　分析教学要素

本章速览

A‑PRICE 教学设计模型的第一步是分析教学要素（见图 4‑1），是课程教学设计的首要环节，是其余各环节设计的基础。教学要素分析是运用培训需求分析和培训项目策划的成果，从企业情况、培训项目、学员特征、培训资源四个方面进行了解和分析，本章将帮助您掌握教学要素分析的要点，确保在教学设计过程中做到有的放矢。

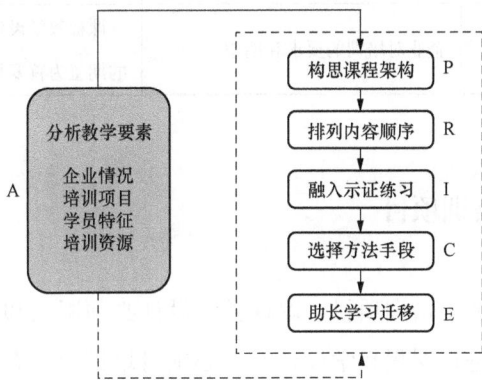

图 4‑1　A‑PRICE 模型操作步骤 1

第一节　教学要素分析要点

一、了解企业情况

接到授课任务后，培训师应对企业的整体情况、提出培训需求的背景以及对培训的期望等有一定的了解，这样才能在设计课程教学时体现出企业的特点，确保课程内容与企业文化相融合、与企业制度相匹配、与员工心态相共振。了解企业情况的相关要素如表4-1所示。

表4-1　　　　　　　　　　　　企业情况要素表

了解要点	要素	要求
企业整体情况	企业特点 企业文化 企业制度	课程内容与企业的文化相吻合，与企业的制度流程相匹配
企业培训背景	企业内外环境 企业发展态势 企业战略目标 培训需求由来	紧密围绕企业的需求，从战略的角度考虑问题、用战略眼光组织培训，设计课程教学
企业培训期望	企业对培训的要求和期望	课程教学设计以满足企业对培训的期望为首要目标

二、分析培训项目

培训课程服务于培训项目，课程教学设计必须服从和服务于培训项目的要求。培训师进行课程教学设计时，必须对培训项目有充分的了解，包括项目开发背景、项目实施目的、项目课程设置等；这样才能精准定位课程，支撑培训项目目标的达成。培训项目分析相关要素如表4-2所示。

表4-2　　　　　　　　　　　　培训项目分析要素表

分析要点	要素	要求
项目开发背景	培训项目开发的理由； 培训项目开发的依据； 培训项目的培训需求	教学设计须满足培训项目对应的培训需求

续表

分析要点	要素	要求
项目实施目的	培训项目的目标； 培训项目的要求	教学设计服从和服务于培训项目的要求，最大程度实现培训目标
项目课程设置	培训项目课程门类设置； 培训项目课程时间安排； 课程在整个培训项目中的功能和作用	对课程进行准确定位； 课程内容、教学形式、教学方法的设计都要考虑如何满足培训项目的总体要求，如何与其他课程相匹配

三、分析学员特征

课程教学设计的最终目标是促进学员的学习，实现课程内容的高效传授。课程教学在多大程度上适应学员特征、做到有的放矢，是衡量其教学设计成功与否的重要标志。学员特征分析主要包括学员结构分析、能力水平分析、学习动机分析、态度风格分析。学员特征分析相关要素如表 4 - 3 所示。

表 4 - 3　　　　　　　　　学员特征分析要素表

分析要点	要素	要求
学员结构	学员的人数； 学员的年龄结构及性别比例	选择合适的教学方式和方法
能力水平	学员的职业能力等级； 学员已有的知能； 学员已有的态度	知道学员已有的知能和态度情况，准确地确定教学起点

分析要点	要素	要求
学习动机	学员的知识价值观； 学员的学习兴趣； 学员的学习能力； 学员的成就归因	问题导向，教学内容针对解决工作问题，激发学员求知欲； 创设情景，教学情境贴近工作场景，引起学员兴趣； 建立信心，设计让学员获得成功的机会，让学员获得成就感
态度风格	学员的学习情绪； 学员对培训内容的兴趣； 学员习惯的学习方式和方法； 学员对学习环境、教学形式等方面的偏好	教学内容组织加工、教学策略选择、训练任务设计应与学员的兴趣相匹配； 针对成人学习的特点，尊重学员学习风格差异，合理地安排教学内容、选择合适的教学方法和手段，使教学活动与学员的喜好相吻合

四、分析培训资源

完成一次培训，人力和物力的支持是必不可少的。培训资源对于设计课堂教学活动起着至关重要的作用，尤其是技术技能类培训课程的教学活动受资源限制较大，必须事先有充足的了解和准备，以便选择合适的教学方法和手段。培训资源主要包括培训环境和设备条件。培训资源分析相关要素如表4-4所示。

表4-4　　　　　　　　培训资源分析要素表

分析要点	要素	要求
培训环境	物理学习环境； 资源学习环境； 技术学习环境	课程教学策略、教学活动与培训环境的实际情况相匹配

续表

分析要点	要素	要求
设备条件	模型、实物； 演示仪器； 仿真设备； 网络技术； 投影、录音、录像	充分利用培训设备条件； 精心考虑可以选用的培训工具，与培训方法相结合，提高培训效率

第二节　教学要素分析简表及应用

一、教学要素分析简表

为了方便培训师进行教学要素分析，可用教学要素分析简表来具体呈现，如表 4‑5 所示。

表 4‑5　　　　　　　　　　教学要素分析简表

课程名称			时长	
培训项目	项目名称			
	开发背景			
	实施目的			
	课程定位			
学员特征	学员结构			
	能力水平			
培训资源	培训环境			
	设备条件			

注：1. 企业培训师对企业比较熟悉，企业情况相关信息可省略，企业期望归并到项目实施目的中去；

2. 对于企业重点关注且时间很长的培训项目，还应对学员的学习动机和态度风格进行分析。

二、教学要素分析的应用实例

背景材料:

某电网企业是国家电网有限公司的全资子公司,以建设和运营电网为核心业务。公司下设 14 个市(州)供电公司、98 个县供电公司,用工总量 7.01 万人。近年来,公司特别重视员工队伍建设,加大员工培训力度,培训项目投入逐年增长。

该公司绝大部分培训业务由培训中心组织实施,师资主要来自工作现场的兼职培训师。随着培训工作的深入推进,培训项目和课程质量不高等问题也逐渐暴露出来。针对这类问题,公司决定对具有中级及以上技术等级、8 年以上培训工作经历的 400 多名精英培训师进行为期 6 天的轮训,重点强化培训项目和课程的开发能力。为了确保培训效果,公司要求每期培训班人数不宜超过 40 人,采取团队学习的方式,学习成果是培训结束时学员开发出与本专业相关的培训项目或培训课程。

在该项目中,有一门 4 学时的《培训需求调查》课程,任课培训师需要进行教学要素分析。

教学要素分析成果:

教学要素分析成果可用教学要素分析简表呈现,如表 4 - 6 所示。

表 4 - 6 　　　　《培训需求调查》课程教学要素分析简表

课程名称		培训需求调查	时长	4 学时
培训项目	项目名称	精英培训师轮训		
	开发背景	培训项目和课程的质量不高		
	实施目的	强化精英培训师的项目和课程开发能力		
	课程定位	培训项目开发与课程开发的基础工作;为后续课程提供基础信息		
学员特征	学员结构	不超过 40 人		
	能力水平	中级及以上技术等级、8 年以上培训工作经历		
培训资源	培训环境	专业培训机构、多媒体教室、国网学堂		

第五章　构思课程架构

本章速览

A‑PRICE 教学设计模型的第二步是构思课程架构（见图 5‑1）。构思课程架构是在课程大纲研究和教学要素分析的基础上，勾勒课程蓝图、确定教学目标、设置工作问题、搭建单元框架、设计训练任务、适配教学策略，对培训课程进行整体构思，形成逻辑架构。本章将帮助您掌握构思课程架构的方法和技巧，为后续的课程教学实施设计制订满意的解决方案。

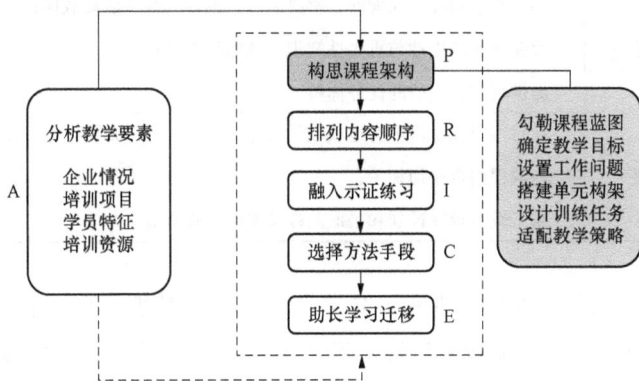

图 5‑1　A‑PRICE 模型操作步骤 2

第一节　勾勒课程蓝图

培训课程蓝图是培训师依据项目需求分析的相关成果和课程大纲，针对学员特征、围绕课程目标、结合培训资源，在脑海里勾勒出的一个课程产品的图像，这个蓝图也许还不是最终课程产品的准确模样，但是已经比较具体地刻画了将来达成课程目标的内容整合方案和教学行动路径。

课程蓝图主要包括五个要素，即：教学目标、工作问题、单元结构、训练任务、教学策略。其特征如表5-1所示。

表5-1　　　　　　　　　培训课程蓝图的五个要素

要素名称	要素特征
教学目标	培训课程对学员在知识、技能、态度等方面期望达到的程度； 学员经过课程学习后应当达到的标准； 培训结束后学员应达到的预期行为
工作问题	来源于现实工作； 通常都是非良构问题，其成分是未明确界定的
单元结构	以工作问题为主线搭建； 主要以问题解决事件为单位拟定； 切合工作现实和学员的认知规律
训练任务	围绕教学目标，匹配问题解决事件，设计的教学活动载体； 旨在协调创生性与再生性知识、技能与态度； 提供真实、完整的任务体验
教学策略	针对特定教学情境为达成教学目标和适应学员认知需要进行设计； 与课程内容密切相关； 属于教学程序计划和采取的教学实施措施范畴

勾勒课程蓝图是培训师进行教学设计的核心技能，要具备这种能力，培训师还应该掌握确定教学目标、设置工作问题、搭建单元框架、设计训练任务、适配教学策略的方法和技巧，这是进行课程教学设计的基本保证。

第二节　确定教学目标

一、教学目标的含义

教学目标是指培训课程对学员在知识、技能、态度等方面期望达到的程度，是学员经过课程学习后应当达到的标准，也就是培训结束后学员应达到的预期行为。

明确的教学目标，有助于学员了解接受培训后自己需要达到的标准和努力的方向，从而准确定位起点，明确需要留意或者寻求帮助的地方，厘清这层关系有助于帮助学员消除学习之前的焦躁与不自信，同时增强学员的内部学习动机。明确的教学目标，还为培训结束时评价和检查学员通过培训在知识、技能和态度上的改变与改进提供了依据。

教学目标是培训师进行课程教学设计的定位和灵魂，工作问题的设定、课程单元的搭建、训练任务的设计、教学策略的适配、方法手段的选择等后续设计工作都要围绕教学目标展开。教学目标确定的合理与否会在很大程度上影响培训教学设计的实际效果。

二、教学目标的类型和层次

根据培训课程的特点，可以将教学目标细分为三类，即：知识目标、技能目标（包括智力技能目标、操作技能目标）和态度目标。每类目标又可分为若干层次。

知识目标是指学员通过培训后，对基本概念、基本理论的理解能力所要达到的水平。由低级到高级又可以分为记忆、理解两个层次。如表 5 - 2 所示。

表 5 - 2　　　　　　　　知识目标层次说明表

层次	层次含义说明
记忆	主要指记忆知识，对学过的知识和有关信息能够识别和再现
理解	能掌握所学的知识，抓住事物的本质，并可以用自己的言语解释信息

智力技能目标是指学员通过培训后，运用所学知能完成智力任务的水平。由低级到高级又可分为辨别、概念、规则、高级规则四个层次。如表

5-3所示。

表5-3　　　　　　　　　　　智力技能目标层次说明表

层次	层次含义说明
辨别	能区分事物之间的不同点
概念	能识别具有共同特征的同类物体，并运用概念的定义特征对事物分类
规则	运用单一规则（一条定律、一条原理或一条已确定的程序）办事
高级规则	能同时运用几条规则办事，解决不同内容范围的问题或者更复杂的问题

操作技能目标是指学员通过培训后，运用所学知能完成操作任务的水平。由低级到高级又可分为模仿、操作、熟练、创作四个层次。如表5-4所示。

表5-4　　　　　　　　　　　操作技能目标层次说明表

层次	层次含义说明
模仿	在他人的指导下，能够运用简单的技能
操作	经过反复练习，能独立地完成一项任务
熟练	能准确、自主地完成一项技能或任务
创作	能创造新动作、新技能

态度目标是指学员通过培训后，在思想、观念以及信念等方面应达到的水平。由低级到高级又可分为接受、反应、价值判断、信奉四个层次。如表5-5所示。

表5-5　　　　　　　　　　　态度目标层次说明表

层次	层次含义说明
接受	愿意注意特殊的现象或刺激
反应	自愿地对刺激进行回应
价值判断	对特殊的对象、现象或行为形成一种自己的价值观
信奉	一直按照内发的、稳定的价值体系行事

三、教学目标确定原则

教学目标关注的是学员学到了什么，而不是培训师教授了什么。确定教学目标主要依赖于课程教学要素分析，须根据企业的培训目的，综合考虑培训需求、培训环境、技术支撑、课程类型及学员特征等情况。常用的确定教学目标的原则是 SMART 原则，具体内容如表 5-6 所示。

表 5-6　　　　　　　　确定教学目标的 SMART 原则

SMART 原则	解释	说明
S（specific）	具体化	用具体的语言清楚地说明要达到的行为标准
M（measurable）	可衡量	能量化的量化，不能量化的质化；以时量、数量、质量等作为衡量达到目标的程度
A（acceptable）	可达到	要根据学员的素质、经历等情况，以实际工作要求为指导，设计切合实际、可达到的目标
R（realistic）	实际性	在目前条件下是否可行、可操作
T（timed）	时限性	目标达成是有时间限制的，没有时间限制的目标无法考核，或考核的结果不公正

四、教学目标编写方法

一个完整的教学目标包括行为主体、行为动词、行为条件、执行标准四个要素，简称 ABCD 形式，具体内容见表 5-7。

表 5-7　　　　　　　　教学目标的 ABCD 编写方法

ABCD 方法	解释	说明
A（actor）	行为主体	培训对象，即学员
B（behavior）	行为动词	做什么，即执行的行为
C（condition）	行为条件	行为发生的条件，即执行的前提条件

续表

ABCD方法	解释	说明
D（degree）	执行标准	行为合格的最低标准，用可测定的程度描述执行标准

编写教学目标时，一般按知识、技能和态度的类别，对学员在学习后应达到的行为状态做出具体明确的表述。

教学目标的确定要以学员为行为主体，从学员的角度出发，陈述行为结果的典型特征，用专业、准确、定量的语言准确表达出来，方便学员理解。有时，为了陈述简便，可省略行为主体和行为条件，以动宾结构的形式描述，前提是不能引起歧义。

对学员的预期行动进行描述时，应注意行为动词的应用。不同类型的教学目标应该采用不同的行为动词。描述学员的预期行为时，按照可观察性、可实现性和可测量性原则，行为动词应该采用外显性行为动词，而不能用内隐体验动词，如"理解""了解""知道""掌握""意识到""感觉"这类动词就不太合适。描述教学目标常用的行为动词见表5-8。

表5-8　　　　　　　　描述教学目标的行为动词

目标维度	行为动词
知识目标	描述、陈述、识别、辨认、列举、指出、回忆、说明、罗列、叙述、解释、选择
智力技能目标	比较、区别、区分、分类、判断、评判、估计、评估、估价、核查、审查、检查、修订、推断、归纳、概括、确定、收集、整理、总结、排列、组合、联合、选择、推广、分析、剖析、诊断、计算、证明、评价、评鉴、鉴别、监控、统计、估值、绘制、测量、编制、编写、制定、策划、设计、提出、建立、形成、应用、使用、开发、决定
操作技能目标	模仿、使用、操作、安装、组装、装配、制作、测量、调试、调整、均衡、连接、移动、形成、解决

续表

目标维度	行为动词
态度目标	注意、倾听、应答、判断、认可、认同、承认、接纳、接受、具有、形成、遵守、改正、同意、支持、反对、决定、参与、增加、采取、拥护、摒弃、树立、坚持、实施

以下是教学目标描述的一些实例。

知识目标实例：

正确简述培训课程教学设计的内容；

正确描述培训课程教学设计的流程；

能陈述培训课程教学设计的目标类别。

智力技能目标实例：

能分析培训课程教学设计的目标类别及层次；

能依据反应评估范式设计某个培训项目的反应评估表；

能运用培训需求分析成果，编制课程大纲。

操作技能目标实例：

能在 110kV 直线杆上更换绝缘子；

能操作无人机进行线路巡检。

态度目标实例：

接受以学员为中心的培训理念；

遵守实训安全管理制度；

具有团队协作意识；

反对习惯性违章。

第三节　设置工作问题

一、问题的含义

目前心理学界关于问题比较流行的定义是由美国心理学家纽厄尔与西

蒙提出的，即：问题是这样一种情境，个体想做某件事，但不能即刻知道做这件事所需采取的一系列行动。

一个问题的成分由三个要素构成，即：初始状态、目标状态和达标通路（由初始状态到目标状态的一系列操作）。举例来说，如果一台电脑无法上网，请你判断是什么原因，这里问题的初始状态是不能上网这一事实，目标状态是获知故障原因，达标通路是一系列的检查和诊断。

问题有很多的分类方式，本书只按照良构问题和非良构问题进行分类。

良构问题的成分由已知初始状态和明确的目标状态组成，问题空间的结构明确。例如，解函数方程、证明几何定理或计算某条配电线路在特定工况的末端三相短路电流，这类问题的条件是明确限定的，解法是确定的，只需应用有限数量的规则和原理，就会得到确定的答案。或者说，这类问题有明确的已知条件和要求达到的目标，有确定的处理规则。

非良构问题的成分是未知的，问题空间的结构不明确。例如，写一篇年终总结报告，进行某门课程的教学设计，进行一项营销服务策划，排除某一方面的故障，对某些问题进行诊断等，都是非良构问题。这类问题通常有多种解决途径和解决标准。对于一个特定的解决方案是否适当，不同领域专家之间意见也不一定相同，因为它有各种不同的解决方案和解决途径。

培训课程中所说的问题通常都属于非良构问题，对应于英语中的"problem"，而不是"question"，它是需要研究解决的疑难和矛盾，而不限于被提出的问句或者待解答的题目。

二、工作问题及其类别

工作问题是指来自工作现场的真实问题。工作问题通常都是非良构问题，其成分是未明确界定的，简单说来，有三种情形，即：已知条件明确，目标要求不明确；已知条件不明确，目标要求明确；已知条件、目标要求都不明确。

培训课程选用的工作问题主要可分为以下四类问题。

（1）"任务－步骤"问题，即已知起始状态，也就是具体的工作任务，通过执行一系列操作步骤后产生某种结果。

（2）"条件－结果"问题，即已知起始状态，也就是导致某种结果的条件，通过对每个已知条件进行分析后结合产生一个结果。

（3）"结果－条件"问题，即已知目标状态，目标要求已经明确，需查找要实现目标要求应具备哪些条件。

（4）"步骤－条件－结果"问题，也是现实工作中出现最多的问题，对于一些复杂的问题，步骤还会引起条件的变化，正是这种变化的若干个条件最终产生了结果。

以上四类工作问题的对比如表 5 - 9 所示。

表 5 - 9　　　　　　　　　工作问题的类别及特征

问题类别	问题特征	问题实例
任务－步骤	已知起始状态，通过系列操作达成结果	问题："已知某企业的相关背景信息，请编写该企业主要专业、工种的培训需求调查方案。" 可以通过以下五个步骤来实施，即：明确调查内容、确定调查对象、选择调查方法、设计调查工具、实施需求调查
条件－结果	已知起始状态，通过条件分析产生结果	问题："已知某企业的相关需求调查信息（目标、资源、环境、员工素质结构），请对该企业进行组织层面的培训需求分析。" 可以从企业的组织目标、组织资源、组织环境、员工素质结构进行分析，每个分析结论就是企业组织需求分析对应的一个条件，综合分析以上四个条件，就可以得出企业组织需求分析的结果

续表

问题类别	问题特征	问题实例
结果－条件	已知目标状态，查找要实现目标要求，应具备哪些条件	问题："如何有效规避技能实操培训的安全风险?" 可以从"人、物、环、管"四个方面进行管控，四个方面的条件具备了，技能实操培训的安全风险也就会大大降低
步骤－条件－结果	常见复杂问题中，步骤引起条件变化，变化的条件最终产生了结果	问题："如何提高产品促销会的签订合同数?" 本次促销活动中四个主要的步骤包括：热情招呼迎客、细察顾客需求、提供解决方案和成功完成促销。促销员完成了上述四个步骤还不一定就可以完成促销任务。有助于顺利完成本次促销任务的条件是以下几种顾客反应：同意接受帮助、表明自己的需求、听取促销员的建议、签订购置合同。执行每个步骤后顾客的体验和反应是不一样的，也就是引起了条件的变化，最终影响产品促销会的签订合同数

三、以问题为中心的教学设计

将问题或案例纳入教学中，已经不是什么新的教学技术了，不过，在以问题为中心的教学设计中，问题有三方面的特点：一是在教学的起始阶段就引入问题，用问题启动一门课程或者一个单元的教学；二是问题源于现实工作，是基于特定学习领域中的真实任务，是与教学目标和学员的岗位工作紧密相关的；三是问题体现了所传授知能的价值，起到组织教学内容的关键作用。

以问题为中心的教学设计因合理地利用现实工作中的问题，而具有诸多优点。

首先，由于学习是学员的主动建构过程，需要学员主动参与，在课程的一开始就抛出问题，有利于学员及早地参与到教学中来。如果整堂课就是基于解决某种问题，教学的过程就是解决问题的过程，那学员的参与就可能贯穿教学的始终。源自现实工作的问题，比从工作生活情境中抽离出来的教学内容更能吸引学员。

其次，问题或者任务为教学提供了情境，这是建构主义的教学设计极其重视的核心要素。问题提供的情境还有利于迁移的发生，迁移往往需要一条线索，使得在应用之时，知识和技能能够顺利自然地被提取。

再次，问题中心的教学能够提供教学的"最佳时机"。在尝试解决问题的过程中，学员会意识到他们需要相关的知识和技能，参与问题解决使得他们自然地做好了学习的准备。在学员主观上有了需求时，以适当的形式提供的教学信息，就成了"及时雨"，在这类最佳时机进行教学，有效利用学员认知的内驱力，往往比学员缺乏学习动机的时候进行教学效果好很多，事半而功倍。

最后，在解决问题的过程中，可能需要综合运用多种知能，问题中心的教学为多种知能的整合和掌握提供了天然的机会。

以问题为中心的课程教学与传统课程教学的对比如表 5 - 10 所示。

表 5 - 10　　　　　问题中心课程教学与传统课程教学对比

比较要素	传统课程教学	问题中心课程教学
教学旨意	拥有知识最重要	应用知识的能力最重要
培训师角色	知识的传授者	学员解决问题的引导者
学员角色	被动学习者，学得如何取决于培训师如何教	主动学习者，学得如何取决于自身的参与程度以及判断思维能力
教学主体	课堂中培训师讲解	课堂中培训师示证与学员练习
教学内容	主要源自教材中的内容	在课堂上解决实际工作问题
练习任务	课堂上任务较少，有少量段练习	课堂上有很多实际表现的训练任务，任务围绕解决实际问题开展

比较要素	传统课程教学	问题中心课程教学
教学活动	"坐中学"：学员坐着听讲，被动接受	"做中学"：学员参与练习，分享观点
教学评价	偏重于理论测试的评估	基于学员应用知识解决实际工作问题与课堂参与程度的评估
情感体验	学习枯燥乏味	学习寓教于乐

四、工作问题设置技巧

解决工作中遇到的问题是培训的终极目标，设置工作问题时，应把握以下几点：

一是工作问题应该选择工作现场的某个具体的复杂的真实任务，以代表期望学员在教学活动结束后能做的事情。

二是工作问题应与教学目标相关联，贴近学员的认知水平，让学员在真实的环境中掌握知能、改变心智。

三是工作问题一般宜选择非良构问题。由于答案不止一个，学员可以在问题甄别、情境审视、利弊斟酌、视角拓展、选择尝试、表现习得、优劣分析等方面畅所欲言，充分表达自己的看法和意见，让学员心理放松，融入"舒心课堂"的软环境中。

四是工作问题应与交代学习收益相呼应。这样可以让学员了解自己在学习中会遇到什么困难，在学习后会得到什么收益，权衡利弊之后，他们才会对心理努力或者心理投入的付出做出决策，从而激发出解决问题、享受成果的深层学习动机。这比只从教学活动多样性、丰富性的方面激发学员表层学习动机的效果要好得多。

以下是一些设置工作问题的实例。

设置工作问题实例 1：

某电力企业想通过培训的方式整体提升营销服务人员的业务水平，为做好培训工作，应该如何开展培训需求调查？

设置工作问题实例 2：

企业已经完成了某专业的培训需求分析工作，撰写了培训需求分析报告，如果您是该专业领域的高级培训师，请编制一份培训项目策划书。

设置工作问题实例 3：

请在 10kV 直线杆上完成更换绝缘子的作业。

设置工作问题实例 4：

请结合自己所上的培训课程，完成一门 4 课时的课程教学设计。

第四节　搭建单元框架

一、问题解决事件

问题解决事件是指用来解决问题的系列活动中的一个活动，可以是一个步骤、一个条件，更多情况下可能包括一个步骤和其产生的条件。一个完整的工作问题由若干个问题解决事件构成，可能是完成任务的若干个实施步骤，可能是对结果产生影响的若干个条件，也可能是步骤引出的对结果产生影响的若干个条件。

对于"任务－步骤"类的问题，其表现形式可用图 5 - 2 来呈现，解决问题的每一个步骤就是问题解决事件。

图 5 - 2　"任务－步骤"类问题表现形式

对于"条件－结果"和"结果－条件"类的问题，其表现形式可用图5-3来呈现，对结果产生影响的每一个条件就是问题解决事件。

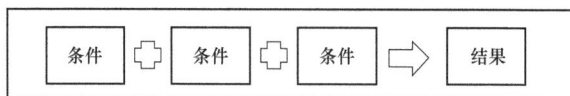

图5-3　"条件－结果"和"结果－条件"类问题表现形式

对于"步骤－条件－结果"类问题，其表现形式可用图5-4来呈现，这些步骤不产生结果，而是引出了一系列条件，最终是这些条件导致了结果的形成。对于这类复杂问题，可以将步骤及其影响的条件合成当成是一个问题解决事件。

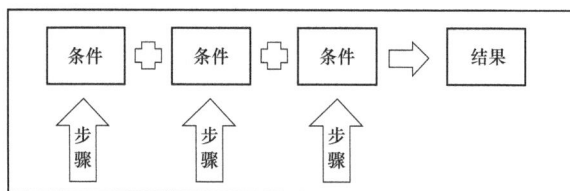

图5-4　"步骤－条件－结果"类问题表现形式

二、课程单元组构

对于以问题为中心设计的培训课程，其教学活动都是围绕教学目标，针对如何解决现实工作问题展开的，其课程单元主要通过展示工作问题、处理问题解决事件、解决工作问题三个环节进行组构。

对于一些较小的工作问题（如1～2个课时就能传授完的），其课程单元可以简单划分为三个课程单元，即从展示工作问题、处理问题解决事件、解决工作问题进行划分。

在培训实践中，培训课程的时长通常都是以4课时为基本单位来安排的，课程内容通常都是针对一些较大的工作问题（课程时长4课时及以上，每个问题解决事件包含较多新知能的），对于这类课程，宜将每一个问题解决事件都独立设置成一个课程单元。其单元结构如图 5 - 5 所示。

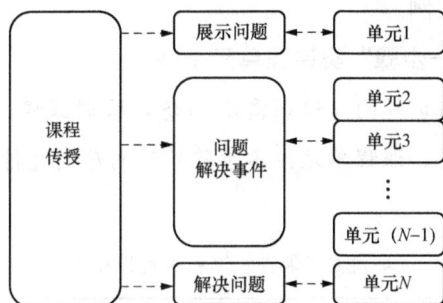

图 5 - 5　课程单元结构图

三、课程单元排序

课程单元的编排顺序也就是教学活动的顺序，通常按照问题解决的逻辑顺序进行排列，也就是按照展示工作问题、处理问题解决事件、解决工作问题的逻辑顺序进行排列。其排列顺序如表 5 - 11 所示。

表 5 - 11　　　　　　　　　　课程单元排序表

单元排序	单元内容	单元功能
单元 1	完整工作问题及其解决的条件或步骤	展示工作问题
单元 2	问题解决事件 1	传授每个问题解决
单元 3	问题解决事件 2	事件的相关知识；
……	……	训练每个问题解决
单元（N−1）	问题解决事件（N−2）	事件的相关技能
单元 N	操练解决完整问题	解决工作问题

从表 5 - 11 可以看出，课程单元的排列顺序主要取决于问题解决事件的排列顺序，对于"任务—步骤"类的问题解决事件，按照各步骤的时间序列进行排序，对于"条件—结果"和"结果—条件"类的问题解决事

件，按照事件的逻辑关系或从简单到复杂进行排序，对于"步骤－条件－结果"类问题解决事件，按照各步骤的时间序列进行排序。以下是两个课程单元排序的具体实例。

实例1："任务－步骤"类课程单元排序

对于针对企业培训师的《培训需求调查》培训课程，其问题解决事件属"任务－步骤"类，课程单元按各步骤的时间序列进行排序，如表5-12所示。

表5-12 《培训需求调查》课程单元排序表

单元排序	单元内容	单元功能
单元1	培训需求调查概述	展示真实的培训需求调查工作问题； 介绍培训需求调查的概念、作用； 说明培训需要调查实施步骤的全貌
单元2	明确调查内容	训练"针对企业对培训的要求，从组织、任务、员工层面明确培训需求调查内容项"的相关技能
单元3	确定调查对象	训练"确定调查对象"的技巧
单元4	选择调查方法	训练"针对企业的特点，选择调查方法"的技巧
单元5	设计调查工具	训练"设计调查工具"的相关技能
单元6	实施需求调查	训练"针对企业的特点，实施需求调查"的相关技巧
单元7	专项操练	通过具体工作案例分析，综合训练单元2～单元6中的相关技能，做到学以致用

实例2："步骤－条件－结果"类课程单元排序

对于针对营销人员的《产品现场促销》培训课程，其问题解决事件属"步骤－条件－结果"类，课程单元按各步骤的时间序列进行排序，如表5-13所示。

表 5-13　　　　　　　《产品现场促销》课程单元排序表

单元排序	单元内容	单元功能
单元 1	产品现场促销概述	展示真实的产品现场促销的问题； 介绍产品现场促销的概念、作用； 说明产品现场促销的实施步骤及各步骤完成后顾客可能产生的反应
单元 2	热情迎客—接受帮助	训练"热情招呼迎客，实现顾客同意接受帮助"的相关技能
单元 3	细察顾客—分享需求	训练"细察顾客需求，实现顾客愿意表明自己的需求"的相关技能
单元 4	提供方案—听取建议	训练"提供解决方案，实现顾客愿意听取建议"的相关技能
单元 5	圆满结束—付费买单	训练"洽谈圆满，实现顾客付费买单"的相关技能
单元 6	专项操练	通过具体工作实例综合训练单元 2～单元 5 中的相关技能，做到学以致用（可以通过一个完整的情景模拟来完成）

第五节　设计训练任务

一、训练任务的含义

训练任务有时也称为能力训练任务，是为了解决现实的工作问题，依据学员特征分析和培训资源分析，为达成教学目标而设计的教学活动载体，其对学员的学习具有方向引导、方法指导的作用，全方位影响着课程教学活动。训练任务是针对培训课程而言的，与学历教育课程的学习任务有一定的差别。

学历课程的学习任务通常是高度人为编制的、良构的、明确界定的、主要面向个人的，其设计定位是怎样才能最适合教学，而很少考虑面向现实工作生活的内容。例如："两列火车在某个时间点分别从自己的车站出发，以某速度相向而行，它们要花多少时间才能相遇？"这就是一个非常典型的传统学习任务，通常被称为"练习题"。尽管这一类任务往往被认为非常适合于掌握简单技能，但是它们同学习者自身既没有密切关系，又不能证明其对迁移和获得综合能力尤其有效。

培训课程的训练任务通常是源自现实工作、非良构的、无明确界定的、主要面向团队的，其设计定位是怎样才能解决现实工作中的问题，胜任岗位工作，提高工作绩效。例如：设计某专业岗位的培训需求调查问卷，这就是一个典型的现实工作任务。训练任务源自现实工作任务，有利于学员统揽组成综合能力的全部或绝大部分技能，这就为学员提供了最佳整合知识、技能和态度的机会，从而达到协调自如的目的，同时也确保学员可以在工作中直接接触这些知识和技能，有利于学习迁移。

训练任务可以分为再生性任务和创生性任务。对再生性任务而言，问题的解决从一种情境到另一种情境是相似的，只要执行规则（也就是将问题情境的特征与具体的行动联系起来）就可以解决问题；再生性任务主要围绕知能的领会与熟练应用进行设计。对创生性任务来说，问题的解决从一种情境到另一种情境是变化的，是依据学员的认知策略来调节问题解决行为，并且需要对要解决的问题做出推理；创生性任务来自现实工作，主要围绕知能的分析、综合、评价进行设计。

训练任务不仅加强了知能的习得，而且任务的完成过程还会给学员一种"敢于解决问题、能够解决问题、乐于解决问题、善于解决问题"的切身体验，让学员得到情感上的鼓励，这种学习的针对性比活动的丰富性和学习方法的多样性更能影响学习效果和学习进程。

二、训练任务的呈现形式

设计训练任务的首要目的就是帮助学员根据自己的具体经历归纳性地构建认知图式（人们为了应付某一特定情境而产生的认知结构，是一种思维或动作模式，分为动作图式、符号图式和运算图式）。对学员而言，那些涉及具体经历的环境就是任务环境，这种任务环境，可能是完全真实的，如在实体车库中教修车技术；也可能是现实环境的模拟，如在人体模型中练习急救技能、会计人员用虚拟背景材料做账、编制某虚拟背景的企业培训实施方案、在火电仿真机上进行反事故演习等。

在培训实践中，从安全要求、任务控制、支持指导、培训成本等方面考虑，培训师往往会选择在模拟任务环境中开展教学，它可以提供一个安全可控的环境，借助精心设计的练习，帮助学员发展和完善技能。

训练任务作为教学过程的核心，不仅要源自现实工作任务，也要根据学员的水平和培训课程时间的长短做不同程度的简化。

在课时较多的（1 天及以上）培训课程中，训练任务的呈现形式通常是复杂工作问题的某个实施步骤或独立处理环节，是相对独立完整的工作任务，例如，针对如何开展培训需求调查这一复杂的工作问题，训练任务可以按每个实施步骤来分别设计，包括：明确调查内容、确定调查对象、选择调查方法、设计调查工具、实施需要调查、撰写调查报告等。

对于课时较少的培训课程，训练任务相对较小，呈现的形式可能是小的真实工作任务，更可能是真实工作任务的片段，例如，针对如何编制某专业的培训项目策划书这一工作问题，训练任务可以是明确培训项目的目的和目标、配置培训课程、选择考核方式等。

对于一些受时间或资源条件限制的培训课程，训练任务也可采用变式练习的形式，例如，对于《情景模拟法的步骤及要领》课程，训练任务可以是授课视频找茬、文字案例辨析、开放问题探究等。

三、训练任务的类型

训练任务是针对解决工作问题设计的，由于受到培训时长、培训资源、培训成本等因素的限制，训练任务往往会围绕问题解决事件通过给定状态、目标状态以及解决方案等方面提供有差别的知能进行处理，使之更适合教学活动。训练任务主要可采用样例任务、逆向任务、模仿任务、自由任务、补全任务、常规任务和变式任务几种类型，具体如表 5-14 所示。

表 5-14　　　　　面向综合技能的不同类型的训练任务

训练任务	给定状态	目标状态	解决方案	任务描述
样例任务	＋	＋	＋	向学员提供一个样例，呈现一个给定状态、一个目标状态、一个用来仿效或者评估的完整解决方案。请学员评估样例，并得出一般性的解决方案（例如：通过问卷调查样例分析，归纳问卷调查的结构及内容组成）
逆向任务	猜测	＋	＋	向学员呈现一个目标状态和一个可接受的问题解决方案。要求学员猜测给定状态的情境以及解决步骤（例如：要做到对某类故障正确诊断，分析归纳需要观察到一些什么样的情况）
模仿任务	＋ 类比 ＋	＋ 类比 ＋	＋ 类比 发现	向学员提供一个待解决的常见任务，同时还配有一个样例，要求学员找出样例和待解决的任务之间的相同性，并借助来规划新的解决方案（例如：借助某个培训项目策划书的样本，编制一个给定项目的策划书）

续表

训练任务	给定状态	目标状态	解决方案	任务描述
自由任务	+	界定	发现	向学员给定条件，要求学员界定目标状态，并从给定条件开始探究问题空间，寻求解决方案（例如：已知培训需求调查相关成果，探究应从哪些方面进行企业组织层面的培训需求分析）
补全任务	+	+	补全	向学员提供一个给定状态，一个可接受的目标状态的要求以及部分解决方案，要求学员必须通过添加缺失的步骤来补全解决方案（例如：针对某培训项目反应层评估问题的设计，刻意少了课程设置和教学组织管理方面的信息，要求学员查找并补全）
常规任务	+	+	发现	向学员提供一个给定状态和一组可接受的目标状态的要求，要求学员在得不到任何支持的情况下独立生成恰当的问题解决方案（例如：已知某企业的相关背景信息，要求编制该企业主要专业的培训需求调查方案）
变式任务	差异	差异	差异	通过训练任务维度上的差异来达成变式（例如：进行仿真训练时，按完成任务条件的差异、呈现任务的方式差异、定义特征显著与否的差异、任务的熟悉程度差异、要求学员在不同情境中完成同一个任务等，通过变化练习来强化归纳学习；又如：对于《情景模拟法的步骤及要领》课程，训练任务可以是授课视频找茬、文字案例辨析、开放问题探究等）

注：在给定状态、目标状态与解决方案栏中的标示"+"表示这项问题成分实际存在，而某一个具体要求（如"猜测""补全""类比""发现""界定""差异"）则表示学员在训练任务中的行为。

以上所有的训练任务都有一个共同点，就是它们都直接将学员的注意力引导到问题状态、可接受的解决方案以及有效的解决步骤上。这有助于学员从合理的解决方案中提取有效信息，或者帮助他们使用归纳法建构可以反映特定任务类型的一般解决方案的认知图式，为学员学习迁移提供更有力的帮助。

四、训练任务设计的操作要点

设计训练任务时，除了围绕问题解决事件展开外，还需要考虑学员特征和教学活动两方面的因素。

学员之所以要参加培训，是因为他们是这个专业领域的新手，针对具体的问题解决事件，其综合性和变化程度都已经超出了学员的能力范围，这就要求设计的训练任务应该给予学员一定的支持和指导。可以这样理解，设计训练任务时，很多情况下是要对问题解决事件进行一定的加工处理，其目的是有利于学员便捷地掌握相关知能。

训练任务是课堂教学时呈现的，在设计训练任务时，还应考虑教学活动的特殊性，使其符合教学规律，在课堂教学时能够便捷实施。

训练任务设计的操作要点可参考表 5 - 15 所示内容。

表 5 - 15　　　　　　　　训练任务设计的操作要点

操作要点	具体内容
设计出发点	以现实工作任务为出发点
设计任务环境	首先考虑安全的、模拟的任务环境，通过不断提高任务环境的逼真度，最终达到真实的任务环境
设计学习环境	心理逼真度（模拟任务环境复制现实工作任务环境中经历的心理因素的程度，包括技能、压力、恐惧、厌倦等）尽可能高； 功能逼真度（模拟任务环境以类似于现实任务环境的方式发挥作用的程度）可以从低到高逐步变化； 物理逼真度（模拟任务环境在"看""听""触""闻"上与现实工作任务环境的相似程度）可以从低到高逐步变化，以便能够限制那些容易分散注意力和无关的细节数量

续表

操作要点	具体内容
设计任务支持	可考虑采用样例任务、逆向任务、模仿任务、自由任务、补全任务、常规任务和变式任务
问题解决指导	可考虑采用示范样例、过程清单和训练辅助轮法（像儿童在学骑童车时需要加装两个平衡轮子一样，屏蔽一些与任务无关的特定行为）
设计变式练习	分析探究练习，是综合学习的关键，它可发现问题，提供决定问题的方向、维度、步骤、方法； 总结归纳练习，是综合学习的核心，它包括概括和区分，使学员离开具体的细节，能在更加广泛的情形中或者较少约束中加以应用； 合理抽象练习，是综合学习的更高层次，它可形成合理的、可供选择的概念或解决方案

五、训练任务的编写方法

训练任务源自现实的工作任务，同时在课程教学过程中是以教学活动载体的形式呈现的，其描述的方式与现实工作任务略有不同。训练任务包括行为主体、活动内容、活动条件和活动要求四个要素。

训练任务的设计要以学员为行为主体，从学员的角度出发，陈述训练任务的典型特征，用专业、准确、定量的语言准确表达出来，方便学员理解。有时，为了陈述简便，可省略行为主体和活动条件，以动宾结构的形式描述，前提是不能引起歧义。

对训练任务这种教学活动进行描述时，应注意"活动行为动词"的应用。不同类型的训练任务应该采用不同的"活动行为动词"。描述训练任务常用的"活动行为动词"见表5-16。

表 5 - 16　　　　　　　　　　描述训练任务的活动行为动词

训练任务类型	活动行为动词
智力技能训练任务	检查、鉴别、评价、绘制、编制、编写、设计、测量、开发、证明、计算、整理、总结、分析、探究、概括、归纳、剖析、诊断、比较、选择、运用、建构、建立
操作技能训练任务	模仿、使用、操作、安装、组装、制作、调试、调整、连接、移动、更换

以下是在一些训练任务的编写实例。

实例 1：设计某培训项目的需求调查问卷。

实例 2：编制某培训项目的项目策划书。

实例 3：分析某专业技能实训教学过程中的危险点。

实例 4：探究案例分析法各步骤的操作要领。

实例 5：更换某 10kV 直线杆上的绝缘子。

实例 6：运用仿真操作系统模拟某 220kV 变电站母线倒闸操作。

六、镶嵌训练任务

以问题为中心的培训课程教学活动是围绕问题解决事件展开的，针对每一个问题解决事件，可以通过镶嵌匹配的训练任务作为教学活动载体，有针对性地训练学员的相关技能。

不同类型的训练任务需要通过给定状态、目标状态以及解决方案等方面提供有差别的知能从而实现不同的支持。就镶嵌的任务支持而言，训练任务主要可采用样例任务、逆向任务、模仿任务、自由任务、补全任务、常规任务和变式任务几种类型。

以下是《培训需求调查》培训课程针对每个课程单元镶嵌的训练任务实例，如表 5 - 17 所示。

表 5 - 17　　　　　《培训需求调查》课程单元训练任务镶嵌表

单元排序	单元内容	训练任务
单元 1	培训需求调查概述	
单元 2	明确调查内容	任务 1：依据样例，归纳确定培训需求调查内容的操作步骤（样例任务）
单元 3	确定调查对象	任务 2：分析调查对象的人员组成及样本（自由任务）
单元 4	选择调查方法	任务 3：比较各种培训需求调查方法的优缺点（自由任务）
单元 5	设计调查工具	任务 4：模仿样例，设计某专业岗位培训需求调查问卷的内容框架（模仿任务）
单元 6	实施需求调查	任务 5：诊断某企业培训需求调查的实施方案（逆向任务）
单元 7	专项操练	任务 6：评价某企业培训需求调查全景案例（自由任务、补全任务）

第六节　适配教学策略

一、教学过程模型

一个完整的教学过程包括学的过程和教的过程，学的过程包括刺激、过滤、积淀三个环节，教的过程包括输入、处理、输出三个环节，教的过程与学的过程构成一个完整的闭环，由此形成一个教学过程模型，如图 5 - 6 所示。

输入是教学过程的首要环节，通过情境刺激的作用引发学习主体一系列内在的反应动作，有效刺激是推动学习过程的关键因素。刺激主要包括冲突、变化和问题三种形式，这里，冲突是指不能接受的状况，或意料之

图 5-6　教学过程模型

外的状况；变化是指基于可比性的差异；问题是指不确定性。

处理是一个把知能内化的过程，这个过程亦称为过滤。过滤包括观察、体验和思考三种方式，这里，观察是指头脑对刺激的关注；体验是指头脑对刺激的确认；思考是指头脑对刺激的追究。

输出是教学过程的最终环节，是将习得的信息付诸实施，并对一定的动作对象施加影响的过程。输出经过输入和处理后，沉淀为头脑具备的经验。经验可以通过知识、技能、态度三种形式呈现，这里，知识是指对客观的判断能力；技能是指完成特定过程的能力；态度是指主观判断。

这个教学过程模型表明，刺激经过大脑的过滤，沉淀为经验。输入的知识、技能、态度等会在过滤的过程当中有减缩、减少的趋势，人需要不断地接受新的刺激，经过滤后强化和补充经验。

二、教学策略的含义

教学策略是指在特定教学情境中为达成教学目标和适应学员认知需要，而制订的教学程序计划和采取的教学实施措施，它属于教学设计的有机组成部分。

按照当代的教学理论观，同教与学的过程相关的两种带有一定对立性的总体教学策略分别为接受学习和发现学习，接受学习属于行为主义者的主张，发现学习属于认知主义者的主张。相对上述两个相对极端的观点，也有采用中间立场的，他们认为，对于有些学习类型来说，接受学习更有效，而对于另一些学习类型来说，发现学习可能效果更佳。这种中间立场倾向于采用区分策略，主要依据教学目标和评价方式来进行选择。

针对培训课程突出解决问题和强化技能的特点，可以从接受学习到发现学习两个总体策略之间引出连续统一的变式策略，依次分为"讲解－接受"策略、"示范－模仿"策略、"引导－发现"策略和"情境－感悟"策略。以上四种教学策略的定位如表5-18所示。

表 5-18　　　　　　　　　　教学策略的类型及定位

教学策略	策略定位
"讲解－接受"策略	学员在单位时间内掌握较多的专业知识
"示范－模仿"策略	学员通过模仿、练习，有效地掌握专业技能
"引导－发现"策略	学员在其专业领域的创造性思维能力得到有效的训练
"情境－感悟"策略	学员通过情境体验，感悟升华，掌握专业技能，转变观念

三、教学策略的特征

"讲解－接受"策略反映了教学的"传递方式"，其关于学习的假设是：学习就是一点一滴地获得知识的过程，应该从最基础的地方开始教学，通过语词或者图片的形式传递信息，循序渐进地达标。"讲解－接受"策略将课程内容设置成相对独立的若干个小块，然后一小块一小块地呈现知识，并多次提供机会让学员对相关的问题作出反应，及时地对相关的回答做出反馈纠正，以确保学员建立相关的联结。"讲解－接受"策略反映了教学的演绎途径，即先提供主要原理或者定义，然后再给出具体的实例和运用原理的问题。

"讲解－接受"策略有"培训师讲演－学员听看"和"培训师提问－学员作答"两个环节，其具体步骤包括激发动机、传授新知、巩固应用、知识生成四步，如图 5-7 所示。该教学策略的特点是学员参与度低，但比较省时。

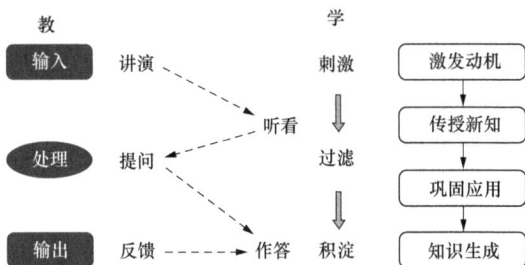

图 5-7　"讲解—接受"策略实施步骤

"示范—模仿"策略反映了教学的"训练方式"，其关于学习的假设是：学员的技能是可以通过模仿练习而获得的。"示范—模仿"策略将课程的技能内容分解成若干个技能点，培训师通过自我或者其他形式对每个技能点进行规范演示，学员在模仿和重复练习中生成相关技能。"示范—模仿"策略反映了教学的练习途径，即针对技能点采取先示范再模仿来训练技能。

"示范—模仿"策略有"培训师演示—学员仿做"和"学员自练—培训师点评"两个环节，其具体步骤包括规范演示、模仿练习、自主练习、能力生成四步，如图 5-8 所示。该教学策略的特点是学员参与度高，但比较耗时。

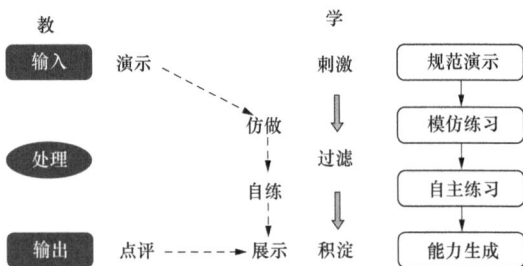

图 5-8　"示范—模仿"策略实施步骤

"引导—发现"策略反映了教学的"认知方式",其关于学习的假设是:学员的知能是在一定情境下,借助于他人的帮助进行分析探究,通过意义的建构而获得的。"引导—发现"策略将课程内容设置成利用实际问题来推动学习过程,通常,学员需要处理各种来源的数据,同时他们可以获得培训师和学员的支持,期间,为学员提供了尝试不同方法和出错的机会,允许他们体会自己所犯错误的后果并反思完善。"引导—发现"策略反映了教学的归纳途径,即通过具体的实例和问题来学习概念和原理。

"引导—发现"策略有"培训师引导—学员思考"和"学员处理—培训师点评"两个环节,其具体步骤包括提出问题、分析问题、解决问题、成果分享四步,如图 5-9 所示。该教学策略的特点是学员参与度高,但比较耗时。

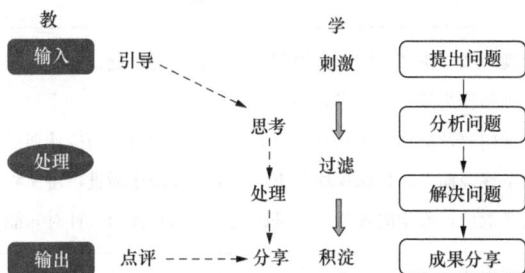

图 5-9 "引导—发现"策略实施步骤

"情境—感悟"策略反映了教学的"认知方式",其关于学习的假设是:学习的过程就是对工作生活体验的过程,学员的知能通过过程体验、感悟总结而获得。"情境—感悟"策略将课程内容设置在特定的情境中,让学员加工处理自身的体验或者经历,进行总结和反思,感悟升华。"情境—感悟"策略反映了教学的归纳途径,即通过具体的情境体验来学习概念和原理。

"情境—感悟"策略有"培训师设境—学员体验"和"学员感悟—培训师点评"两个环节,其具体步骤包括创设情境、体验活动、感悟升华、能力观念生成四步,如图 5-10 所示。该教学策略的特点是学员参与度高,但比较耗时。

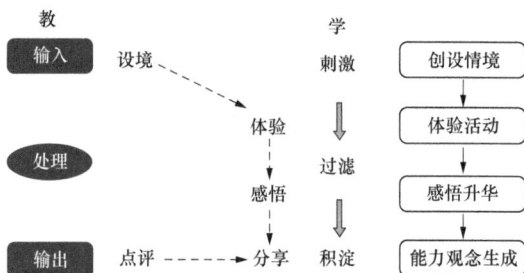

图 5-10 "情境—感悟"策略实施步骤

以上四种教学策略的特征对比如表 5-19 所示。

表 5-19 四种教学方式的特征对比

教学策略	特征
讲解—接受	呈现形式：讲演—听看，提问—作答；参与度低，省时； 培训师作为知识掌握者，传递内容信息； 教学内容及活动事先均有详细的准备，教学时一切按计划进行； 由下逐级而上，授课模块短小，教学过程循序渐进，避免犯错； 演绎取向，教学时最常见的是讲授、演示和提问（针对知能点的良构问题）
示范—模仿	呈现形式：演示—仿做，自练—点评；参与度高，耗时； 培训师作为技能知会者，训练工作技能； 将工作技能分解成若干个独立的技能点； 培训师的演示是保证学员学习技能的前提； 学员重复训练，逐步掌握相关技能； 模仿取向，培训中常见的是演示和自主练习
引导—发现	呈现形式：引导—思考，处理—点评；参与度高，耗时； 培训师作为引导者，提出现实工作问题； 学员主动参与学习过程，进行深度思考； 学员有机会尝试不同的问题解决方法和路径； 允许犯错，并从错误中反思； 归纳取向，教学中最常见的是提问（针对现实工作的非良构问题）、讨论、案例分析和任务式的合作学习

教学策略	特征
情境—感悟	呈现形式：设境—体验，感悟—点评；参与度高，耗时； 培训师作为引导者，设计源自现实工作的真实或类似情境； 学员主动参与情景当中，进行自我指导和主动决策； 学员对体验过程进行深度思考； 允许犯错，并从错误中反思； 归纳取向，教学中最常见的真实任务作业和现实情景模拟

四、适配教学策略的技巧

针对培训课程内容的特点，在什么情况下适配哪一种教学策略？对这个问题似乎很难作出直截了当的回答，或者说没有固定不变的路数，只能根据已有的研究以及对知识技能所作的分析，尝试提供一些参考建议。适配教学策略的技巧如表 5‑20 所示。

表 5‑20　　　　　不同教学内容教学策略适配参考表

内容类别	内容细分	教学策略	策略实施
知识类	事实类	讲解—接受	采用呈现信息或重复信息的办法，产生有效的机械记忆（在培训课程一般应避免简单重复）
	概念类	讲解—接受 引导—发现	如果由"概念图式"培训师提供，宜采用"讲解—接受"策略，把以前学过的概念同新概念综合起来，具体的做法有举例、类比、表格、对比、对照、图示等； 如果"概念图式"由学员自己形成，宜采用"引导—发现"策略，具体的做法有提问、对话和讨论等
	原理类	引导—发现 讲解—接受	采用"引导—发现"策略，先呈现例子再呈现规则，让学员发现事物间的内在联系，更具迁移性； 采用"讲解—接受"策略，先呈现规则再呈现例子，让学员理解
	程序类	讲解—接受	判定培训对象仅需掌握执行某一任务的步骤和序列的知识，讲解顺序为呈现程序面貌，分步骤讲解，综合分析

内容类别	内容细分	教学策略	策略实施
技能类	再生性智力技能	示范—模仿	示范加说明，安排简化或提示性练习，学员对整套技能自由练习，随时提供矫正反馈
	创生性智力技能	引导—发现情境—感悟	安排现实工作问题，学员分析、探究、体验、反思、总结，固化相关知能，提升分析、综合、评价等方面的能力
	动作技能	示范—模仿	讲解示范相关知能，循序渐进执行每个步骤，控制从眼转向其他器官，技能自动化，技能概括化
态度类		引导—发现情境—感悟	提出问题或创设情境，自主探究或情境体验，形成观念，感悟升华

以下是《培训需求调查》培训课程针对各课程单元适配教学策略的实例，如表5-21所示。

表5-21　　　《培训需求调查》课程单元教学策略适配表

单元排序	单元内容	教学策略
单元1	培训需求调查概述	讲解—接受
单元2	明确调查内容	讲解—接受　引导—发现
单元3	确定调查对象	引导—发现
单元4	选择调查方法	讲解—接受　引导—发现
单元5	设计调查工具	讲解—接受　示范—模仿
单元6	实施需求调查	讲解—接受　引导—发现
单元7	实战训练	引导—发现　情境—感悟

第七节　课程架构搭建简表及应用

构思课程架构是在教学要素分析的基础上，对教学目标、工作问题、课程单元、训练任务、教学策略等进行整体构思和排列组合，课程框架并不是一次就能搭建成型，它会根据后续设计步骤考虑的因素进行动态的优化和调整。

为了便于培训师对课程架构进行整体构思，特别设计了课程架构搭建简表，如表 5-22 所示。为了便于教学设计初学者在教学时能突出重点和化解难点，表中还设置了教学重点和难点栏目，将教学目标要求的、学员必须要予以着力解决的关键性问题作为重点内容，将学员难以理解的部分和感觉难度大、出现频率高、易产生困难和障碍的知能点作为难点内容。

表 5-22　　　　　　　　　　课程架构搭建简表

教学 目标	知识目标			
	技能目标			
	态度目标			
工作 问题				
教学 顺序	课程单元	训练任务	教学策略	
	单元 1			
	单元 2			
	单元 3			
	……			
	单元 N			
教学 重点				
教学 难点				

以下是《培训需求调查》培训课程的课程架构搭建简表实例，如表 5-23 所示。

表 5 - 23 **《培训需求调查》课程架构搭建简表**

教学目标	知识目标	1. 正确描述培训需求调查的作用及步骤； 2. 正确简述培训需求调查的内容、方法和工具
	技能目标	1. 能根据背景信息从三个层面确定培训需求调查的内容； 2. 能根据背景信息和培训需求调查的内容确定调查对象； 3. 能根据确定的调查对象合理选择调查方法； 4. 能设计调查工具的内容框架； 5. 能归纳培训需求调查的实施要点； 6. 能搭建培训需求调查报告的内容框架
	态度目标	1. 认同需求调查在培训项目开发中的重要性； 2. 具有团队协作意识

工作问题	给定某企业相关信息，作为该企业的培训师，如何开展培训需求调查？

	课程单元	训练任务	教学策略
教学顺序	1. 培训需求调查概述		讲解—接受
	2. 明确调查内容	归纳确定培训需求调查内容的操作步骤	讲解—接受 引导—发现
	3. 确定调查对象	分析调查对象的人员组成及样本	引导—发现
	4. 选择调查方法	比较各种培训需求调查方法的优缺点	讲解—接受 引导—发现
	5. 设计调查工具	设计问卷调查工具的内容框架	讲解—接受 示范—模仿
	6. 实施需求调查	诊断某企业培训需求调查的实施方案	讲解—接受 引导—发现
	7. 专项操练	评价某企业培训需求调查全景案例	引导—发现 情境—感悟

教学重点	单元4：选择调查方法 单元5：设计调查工具

教学难点	单元5：设计调查工具（问卷法、访谈法） 单元6：实施需求调查

第六章 排列内容顺序

本章速览

A - PRICE 教学设计模型的第三步是排列内容顺序（见图 6 - 1），是在构思课程架构的基础上，针对各个问题解决事件厘清关联知能，再结合学员特征，对关联知能进行排列组合，列出符合认知规律的单元纲目。本章将帮助您掌握厘清关联知能、排列单元纲目的技巧，确保教学内容组织突出以学员为中心、问题导向、能力为本、层次分明、逻辑清晰。

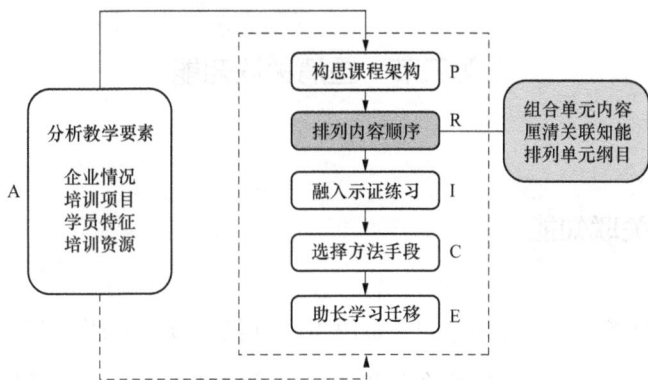

图 6 - 1 A - PRICE 模型操作步骤 3

第一节 组合单元内容

组合单元内容是在构思课程架构的基础上，针对学员特征和课程特点，结合镶嵌于各单元的训练任务，将相关的知识和技能进行排列组合，也就是列出各单元的纲目。这是教学设计的核心任务，也是确保教学目标高效达成的根本保障。组合单元内容是对课程架构进一步细化充实的过程，熟练的课程设计者往往会将这两个步骤有机结合、综合考虑。

课程内容排列组合的整体逻辑结构如图6-2所示。

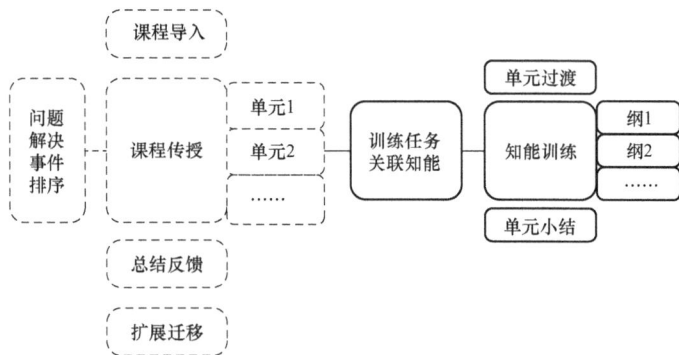

图6-2 课程内容排列组合的整体逻辑结构

第二节 厘清关联知能

一、关联知能

关联知能是指处理某个问题解决事件（任务领域）所需要的知识与技能，它架起了"学员已知什么"和"在任务领域中要真正掌握什么"两者之间的桥梁。关联知能主要包括两种类型，一种是"处理方法"，另一种是"领域模式"。其逻辑架构如图6-3所示。

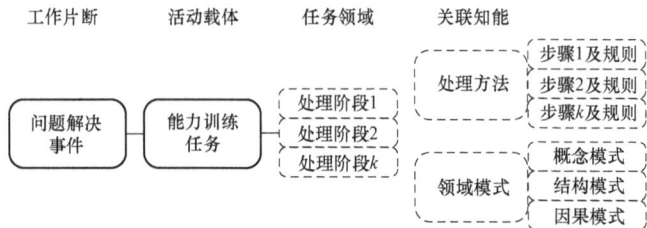

图6-3 任务领域关联知能的逻辑架构

二、处理方法

处理方法用来具体说明任务胜任者处理问题、解决事件或者完成与其匹配的训练任务通常采用的步骤及子步骤，以及执行某一步骤及子步骤时同前一步骤结果间的依赖关系，同时提供完成每一个步骤所需要的经验规则或启发式建议。它可帮助学员系统有序地完成任务和解决问题。

以下是《培训需求调查》培训课程针对课程单元 2 "明确调查内容"这一问题解决事件所呈现的处理方法实例，如表 6 - 1 所示。

表 6 - 1 　　　"明确调查内容"问题解决事件的处理方法

序号	事件处理步骤	经验规则
1	选择调查要素	应清楚培训组织者的意图、组织所处的内外部环境，了解培训项目的背景、培训目的、目标群体，把握组织迫切需要解决的问题； 从组织、岗位、员工三个层面的调查要素中选择需要进行需求调查的要素项
2	拟定调查内容	针对所选择的要素项，根据组织的要求，结合岗位的特点，确认具体的要素点，并进一步对要素点进行细化和具体化，拟定调查内容； 针对不同类型的项目，需求调查重点是不一样的。例如，管理类培训中政策法规培训的调查重点在组织层面；心智态度类培训的调查重点在员工层面；技术技能类培训的调查重点在岗位工作任务层面
3	确定调查内容	将拟定的需求调查内容，征求人力资源部门和相关专业人员的意见，对需求调查内容进行完善与确认； 最终确定需求调查内容

三、领域模式

领域模式是指对某一特定任务领域内事物是如何组织的具体描述，也就是描述在任务领域内各个要素以及各个要素之间的相互关系。这一过程可以产生复杂的知识网，形成丰富的认知图式，使学员能够解释新情境或者理解新事物。领域模式具体可分为概念模式、结构模式和因果模式。

概念模式是一种使各种概念相互连接的领域模式，其基本要素是概念，通过对客体、事件或活动进行描述或分类，帮助学员回答"是什么"的问题。

结构模式是一种主要聚焦概念的时间或者空间关系的领域模式，通过将全部要素勾勒出一种"计划"（描述要达到某一目标或产生某一效果的客体、事件和活动在时间或者空间上是如何联系的），帮助学员回答"是怎样构建的"或"是怎样组织的"的问题。

因果模式是一种主要聚焦概念间因果关系和自然进程关系的领域模式，通过形成的"原理"（将一项行为、事件与产生的结果相联系），帮助学员回答"如何能发挥作用"或"为何不能发挥作用"的问题。

以上三种领域模式的特点如表 6-2 所示。

表 6-2　　　　　　　　　　　三种领域模式的特点

领域模式	模式功能	呈现形式
概念模式	帮助学员回答"特定领域内各事物是什么"	种类关系（如："家具"和"桌子"）； 部分关系（如："键盘"及"显示器"与"台式电脑"）； 并列关系（如：对培训需求调研方法的档案法、问卷法、访谈法、观察法和讨论法这一组相似的概念作出比较或者对照）； 类比关系（如："心脏"的工作原理与"水泵"很相似）； 经验关系（连接概念与概念实例，如："发电机"与"汽车交流电机"）； 前提关系（如：概念"有功功率和无功功率"是理解"功率因数"的前提）

续表

领域模式	模式功能	呈现形式
结构模式	帮助学员回答"特定领域内各事物是如何组织的"	按时间顺序组织概念（如：热忱接待的行为按"热情问候""开放提问""真诚回答"来组织概念）； 按空间顺序组织概念（如：培训需求分析报告按以下格式书写：实施背景、需求分析的目的和性质、调查对象和方法、需求分析、分析结论、附件）
因果模式	帮助学员回答"特定领域内各事物是如何发挥作用的"	知道原因，预测该原因可能产生的结果（如：当正负极颠倒之后，这台机器还能正常运转吗?）； 知道结果，解释这一结果产生的原因（如：不锈钢为什么不生锈?）； 说明事物的特定状态（如：大量电流通过薄膜电阻器时会产生热量，这是灯泡的工作原理）

对于不同问题解决事件，其领域模式各不相同。概念模式主要聚焦描述、分类或者定性推理的这一类问题解决事件，比如历史与法律；结构模式对以分析、设计为主的这一类问题解决事件特别重要，比如机械工程、教学设计或建筑设计；因果模式主要针对需要解释、预测以及诊断的这一类问题解决事件，比如自然科学、故障分析或医疗领域。

以下是《培训需求调查》培训课程针对课程单元2"明确调查内容"这一问题解决事件所呈现的领域模式实例，如表6-3所示。

表 6 - 3　　　　　　　培训需求调查内容要素表

层次	调查要素项	调查要素点
组织层面	政策环境	新的法律法规出台或法律法规发生变化； 国家、行业新政策出台； 新业务的拓展、新产品的开发
	企业战略	组织战略、业务战略、质量方针、业务模式的实施
	技术变革	新设备、新技术、新工艺、新系统、新流程和新标准在企业中的应用
	管理创新	新管理方式、管理流程、管理手段的应用； 企业确定的新绩效目标

层次	调查要素项	调查要素点
组织层面	人员变化	新招聘员工入职、员工岗位调整
	管理现状	企业绩效不达标、安全事件频发、客户投诉多等；员工出现缺勤率高、流动性高、抱怨多
岗位层面	任务数量	岗位工作任务及每一个任务执行的频度及所占的工时
	任务标准	工作任务规定的时间、精确度及质量要求
	重要程度	工作任务对工作绩效的重要性
	执行难度	工作任务执行者的能力要求，任务执行的难点
	安全要求	生产安全、设备完好率、事故数、客户投诉率
员工层面	员工能力	学历、职称、技能等级、工作经历、培训经历
	员工态度	出勤、守时、加班、主动、负责
	工作氛围	班组和谐、合作沟通、满意度、培训机会
	职业发展	职业生涯进度、职业晋升、薪酬增长、评先评优；学习能力与学习习惯

从表6-3可以看出，针对"明确调查内容"这一问题解决事件，其领域模式主要是采用了概念模式，并通过种类关系、部分关系和并列关系来呈现培训需求调查的层次、调查要素项、调查要素点的关系，这样可以让学员便捷地理解和掌握培训需求调查的相关内容。

四、厘清关联知能的技巧

关联知能是教学内容的基础要素，进行教学内容组织时，厘清关联知能是确保教学内容选择正确、合乎逻辑的前提。厘清关联知能的技巧可以参考表6-4罗列的要点。

表 6-4 　　　　　　　　　　厘清关联知能的参考技巧

关联知能项	参考技巧
处理方法	通过自我或采访任务胜任者厘清针对问题解决事件处理过程中的阶段和子阶段，并定义处理步骤
	明确各处理步骤要呈现的目标或子目标，必要的话，还需要作出决策
	针对每个处理步骤，列出哪些条件下经验规则有助于问题解决，还要列出对学员而言可操作的行动或行动序列
	注意任务胜任者与新手学员在应用经验规则时存在什么差异
领域模式	通过相关资料或采访任务胜任者确定主要的知能要素以及各要素之间的关系，这些知能将促进学员在任务领域做好定性推理
	如果要确定用来描述和分类的概念模式，那就应聚焦各概念间的种类关系和部分关系
	如果想让学员在新的概念模式与原有知能建立起联系，那就应使用经验关系、类比关系和前提关系
	如果要确定结构模式，那就应聚焦时间或空间位置关系
	如果要确定因果模式，那就应聚焦因果关系和自然进程关系
	注意任务胜任者与新手学员在要素和各要素间关系上的认知差别

第三节　排列单元纲目

一、排列关联知能

关联知能由领域模式和处理方法构成，领域模式描述的是事物是如何组织的，处理方法描述的是任务执行者的行为是如何组织的。领域模式和处理方法两者是"互惠关系"，也就是缺少了任何一方，另一方就发挥不了什么作用。学员对某一问题解决事件的领域模式组织得越好，就有可能得出一个合理处理方法，反之亦然。精心设计的教学应该保证处理方法与领域模式共同勾画。针对一个具体的任务领域，其关联知能的结构如图 6-4 所示。

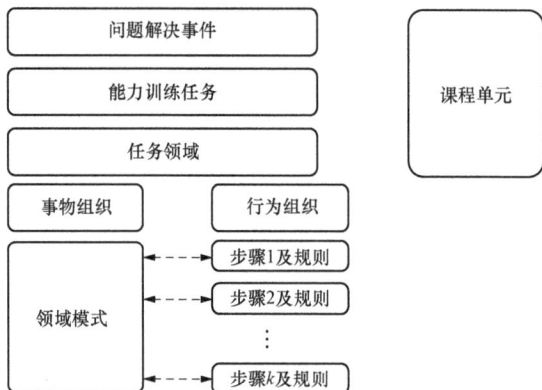

图 6-4　任务领域的关联知能结构

在教学活动中，领域模式和处理方法呈现的先后顺序并不是固定的，可能会有两种情况，主要取决于学员的工作经验或掌握知识的新旧。

对于学员缺少工作经验的工作领域，或者该领域涉及较多的新知识，通常的做法是，先聚焦"问题是什么"，告知学员事物的标记方式、事物的构建方式以及事物在某一特定领域中是如何发挥作用的，然后才是"如何解决问题"，其教学设计的技术路径是依据领域模式进行推理。例如，针对"明确调查内容"这一问题解决事件，先告知学员培训需求调查的内容有哪些，调查层次、调查要素项、调查要素点的关系如何，再结合背景信息探究明确调查内容具体的三个处理步骤，即选择调查要素、拟定调查内容、确定调查内容。

对于学员有一定工作经验的工作领域，或者该领域很少涉及新知识，通常的做法是，先聚焦"如何解决问题"，先构思解决问题的行为步骤，提供完成每一个步骤所需要的经验规则或启发式建议，然后才是"问题是什么"，其教学设计的技术路径是依据行为组织进行设计，例如针对"确定调查对象"这一问题解决事件，先针对培训对象的培训需求构思调查行为，包括上行调查、下行调查、平行调查、主体调查，再结合背景信息明确调查对象的具体身份，包括直接主管、专家、部下、客户、同事和培训对象。

二、"新手新知"单元纲目排列

所谓"新手新知"课程单元，指的是该课程单元对应的问题解决事件，学员在其工作领域没有什么工作经验，或者该领域涉及较多的新知识。

对于这类课程单元，可采用先聚焦"问题是什么"，然后才是"如何解决问题"的顺序组织单元的"纲"，也就是通过纲1传授领域模式的事物组织相关内容，通过纲2到纲$k+1$传授处理事件的k个阶段行为组织相关内容。对于处理事件的某些阶段，可能还有子阶段，就有可能产生"目"，其"目"的排列顺序与"纲"的排列顺序在逻辑上完全是一致的。"新手新知"单元纲目排列的逻辑架构如图6-5所示。

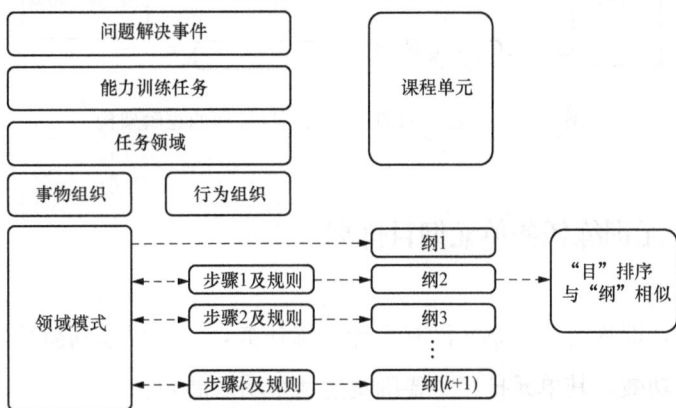

图6-5　"新手新知"单元纲目排列的逻辑架构

三、"老手旧知"单元纲目排列

所谓"老手旧知"的课程单元，指的是该课程单元对应的问题解决事件，学员在其工作领域有一定的工作经验，或者该领域很少涉及新知识。

对于这类课程单元，可采用先聚焦"如何解决问题"，然后才是"问题是什么"的顺序组织单元的"纲"，也就是单元的"纲"与处理事件的各阶段行为组织相对应，其相关领域模式的事物组织内容融入各个事件处理阶段。对于处理事件的某些阶段，可能还有子阶段，就有可能产生"目"，其"目"的排列顺序与"纲"的排列顺序在逻辑上完全是一致的。"老手旧知"单元纲目排列的逻辑架构如图 6-6 所示。

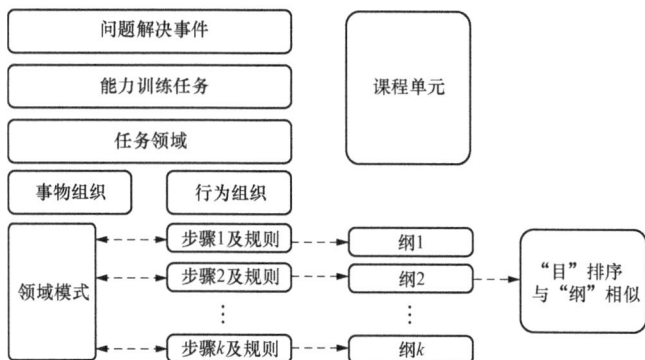

图 6-6　　"老手旧知"单元纲目排列的逻辑架构

四、无训练任务单元纲目排列

通常，课程的首个单元没有设计训练任务，它主要起到激活旧知和问题总览的功效，其单元排序主要围绕这两个功效展开。

激活旧知就是帮助学员回忆相关旧的知能，确保学员在进入新的学习状态时没有障碍。相关旧知能不仅包括对学员解决新问题有所帮助的个别知识、技能及其隐含的结构，也包括之前解决问题的整体经验。其相关纲目可以围绕之前解决问题时运用过的概念、规则、程序、策略、结构，乃至成功地解决问题而带来的信心等进行排序。

问题总览就是对工作问题进行总体介绍，其相关纲目一般可以按照"概念常识""作用意义"和"实施路径"进行排序。

五、排列单元纲目实例

以下是《培训需求调查》培训课程排列单元纲目的实例，如表 6-5 所示。

表 6-5 　　　　　　　　　《培训需求调查》培训课程单元纲目

序号	课程单元	单元纲目	训练任务
1	培训需求调查概述	1. 培训需求调查的概念； 2. 培训需求调查的作用； 3. 培训需求调查的步骤	
2	明确调查内容	1. 调查内容的层次及要素； 2. 选择调查要素； 3. 拟定调查内容； 4. 确定调查内容	归纳确定培训需求调查内容的操作步骤
3	确定调查对象	1. 确定"上行"调查对象及样本； 2. 确定"平行"调查对象及样本； 3. 确定"下行"调查对象及样本； 4. 确定培训对象的样本	分析调查对象的人员组成及样本
4	选择调查方法	1. 常用调查方法简介； 2. 调查方法比较； 3. 选择调查方法的技巧	比较各种培训需求调查方法的优缺点
5	设计调查工具	1. 设计问卷法工具； 2. 设计访谈法工具； 3. 设计资料分析法工具； 4. 设计观察法工具	设计问卷调查工具的内容框架
6	实施需求调查	1. 编制调查方案； 2. 进行部门沟通； 3. 收集相关信息； 4. 整理汇总信息	诊断某企业培训需求调查的实施方案
7	专项操练	综合案例分析	评价某企业培训需求调查全景案例

第七章 融入示证练习

🎓 **本章速览**

A-PRICE 教学设计模型的第四步是融入示证练习（见图7-1），是在排列内容顺序的基础上，针对搭建的知能架构，提供具体的样例支持，让内容通俗易懂；安插指导性练习，让学员尝试应用体验。本章将帮助您掌握融入新知示证和作业练习的方法技巧，确保课程内容"鲜活丰满"，使教学活动更加丰富多彩。

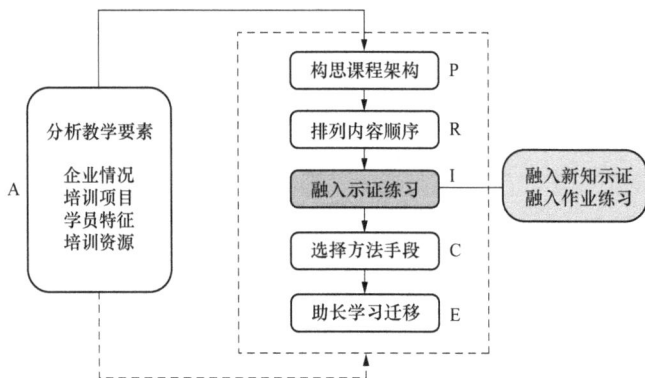

图7-1 A-PRICE 模型操作步骤4

第一节 融入新知示证

一、新知示证的含义

新知示证是指针对一个问题解决事件，提供一个部分的或者完整的样例，进行示范与说明该事件中出现一些新的知识和技能，以此向学员展示在具体的情境中如何运用新知能。当学员能够观察所学新知能的样例时，可以促进学习。

通过样例示范来展示新知能，这样不仅有利于学员理解所学的新知能，而且让课程内容"鲜活丰满"，使教学活动更加丰富多彩，如果样例包括了一个可接受的问题解决事件的解决方案，这样将有助于学员对于事件处理构建心理图式，便捷地掌握新的知能。

当前不少的培训教学存在一个共同问题，就是完成了呈现相关信息的功能，但却很少提供有效的新知示证，太多讲解，而非展示。这样就导致信息只能储存在联想记忆中，学员难以建构所需要的图式，或者只能建构一个不完整或不恰当的图式，当他们在新的情境中应用信息时，将无法提取或建构适当的图式去完成任务。

新知能的教学一般通过"呈现信息"和"具体刻画"两种方式来加以呈现，也就是我们统称的"讲解示范"。"呈现信息"大家都比较熟知，就是讲解诸如事物之间的联系，包括它们的名称以及各个部分的描述，事物类别、情境以及过程的定义特征，执行某个程序的步骤和结果或者某个过程发生的条件和结果。"具体刻画"就是示范具体的、特定的情境。对于操作技能类的培训课程，培训师都比较重视"演示"的作用，而对智力技能类的培训课程，培训师更应重视"展示"的作用，做到一般与特殊的有机结合。

新知示证一般可以分为两类，一类是针对关联知能的新知示证，它是针对新的知识点或者技能点进行举例；另一类是针对问题解决事件或匹配的能力训练任务的新知示证，它是针对完整的事件处理或任务执行提供一个完整的样例。

二、融入关联知能的新知示证

融入关联知能的新知示证，是指在讲解新知能的过程中，对呈现的关联知能信息进行具体刻画。表7-1给出了不同关联知能通常采用的具体刻画形式。

表7-1 不同关联知能通常采用的具体刻画形式

关联知能		呈现信息	具体刻画
领域模式	概念模式	是什么、哪一类	举例说明事物的区分特征及分类
	结构模式	时空联系	举例说明客体、事件和活动是怎样构建的
	因果模式	发生了什么	实例说明行为、事件的原理
处理方法		如何做	实例刻画任务处理的步骤

对于概念模式的关联知能，通常可以用举例的方式向学员展示每一个类别的事例，并对事例的区分特征进行刻画。例如，在需求调查的内容要素点中，涉及法律法规的概念，可以举例，涉及电网企业的法律法规主要包括《电力法》《合同法》《电力供应与使用条例》《电力设施保护条例》《电网调度管理条例》和《电力监管条例》等。再比如，在需求调查的内容要素点中，涉及新业务拓展的概念，可以举例，综合能源服务属电网企业的新兴业务。对调查内容进行分类时，可用以下的例子来说明，如表7-2所示。

表7-2 种类与部分关系举例

概念	种类关系	部分关系
上位概念	"动物"是"哺乳动物"的上位概念； "政策环境"是"法律法规"的上位概念	"身体"是"腿"的上位概念； "培训需求调查内容"是"组织层面调查"的上位概念
并列概念	"哺乳动物"与"鸟"是并列概念； "法律法规"与"行业政策"是并列概念	"腿"与"手臂"是并列概念； "组织层面调查内容"与"岗位层面调查内容"是并列概念

概念	种类关系	部分关系
下位概念	"人"是"哺乳动物"的下位概念；"电力法"是"法律法规"的下位概念	"脚"是"腿"的下位概念；"政策环境"是"组织层面调查内容"的下位概念

对于结构模式的关联知能，可用举例的方式向学员展示要达到某一目标或产生某一效果的客体、事件和活动在时间或者空间上是如何联系的。

例如，在讲解培训需求调查方案时，可用下面的例子说明其核心内容，如表 7‑3 所示。

表 7‑3　　　　　　　培训需求调查方案主体内容

调查内容	调查人员	调查时间	调查地点	调查对象	工作要求
档案收资	张三、李四	7 月 8 日～9 日	公司/档案室	人资专责档案管理员	按清单收资
访谈调查	张三、李四王五、赵六	7 月 12 日～15 日	访谈对象工作场所	各层级员工名单	准备问题，做好记录
问卷调查	王五、赵六	7 月 18 日～22 日	公司网站	各类层级的员工样本	按不同对象发放电子问卷
小组会议	张三、李四、王五、赵六	7 月 25 日～26 日	公司××会议室	各层级员工名单	分层级、专业召开 4 个会议
资料汇总	张三、李四王五、赵六	7 月 28 日～30 日	公司××会议室	人资专责	统计、归类

再比如，为了解释调查问卷的内容结构（包括：前言、个人信息、具体培训需求调查问题、专项培训需求调查问题、培训过程需求），可用以下样例来具体说明，具体如表 7‑4 所示。

表7-4 **"新任班组长轮训"需求调查问卷**

各位班组长：

您好！为提升班组管理水平，公司将组织基层单位新任班组集中培训，提升班组长管理技能。现开展培训需求调研，特设计了本调查问卷，请您填写以下内容并提出您的要求和想法，我们将以此作为设计培训课程的参考，请您于7月21日前将问卷交所在单位人力资源部，谢谢合作！

姓名		性别		年龄	
学历		所属部门		工作岗位	
职称		技能等级		工作年限	

1. 您是否明确自己作为班组长的工作职责和权力？

A. 非常明确　　　　　　　B. 比较明确　　　　　　　C. 不明确

2. 您认为您所在班组的工作绩效优秀吗？

A. 优秀　　　　　　　　　B. 一般　　　　　　　　　C. 不好

3. 您所在的班组，班组管理制度能严格执行吗？

A. 能　　　　　　　　　　B. 执行过程中有困难　　　C. 大部分能执行

4. 您所在班组的员工敬业精神和责任意识是否强？

A. 强　　　　　　　　　　B. 一般　　　　　　　　　C. 不强

5. 如果让您对自己在班组长岗位上的履职情况进行评价，您的评价是？

A. 优秀　　　　　B. 良好　　　　　C. 一般　　　　　D. 不好

6. 在您的工作职责中，您觉得哪项工作任务执行时是最困难的？（限选两项）

A. 员工日常管理　　　　　B. 工作计划管理　　　　　C. 安全管理

D. 专业管理　　　　　　　E. 现场培训管理　　　　　F. 班组基础管理

G. 班组绩效管理　　　　　H. 班组建设

7. 针对您目前工作状况，您需要接受的培训（从以下选项中按迫切和重要程度排序）。

A. 专业技术技能　　　　　B. 管理知识与技能　　　　C. 个人能力

D. 其他（请具体罗列：　　　　　　　　　　　　）

8. 以下是相关管理方面培训课程，根据您自己的情况，您对以下哪些课程感兴趣？（按需求程度列出6门课程）

A. 班组长的领导艺术　　　B. 有效的班组建设　　　　C. 提升团队执行力

D. 班组长角色认知　　　　E. 班组长自我成长与完善　F. 高效的现场管理

续表

G. 高效团队工作方法	H. 教练式管理	I. 班组标准化作业管理
J. 现场安全管理	K. 供电企业法律实务	L. 客户管理
M. 目标设定与绩效管理	N. 培训组织与管理	O. 有效员工辅导
P. 工作方法与流程改善	Q. 压力管理	R. 有效主持会议
S. 改善心智模式与激发团队动力	T. 沟通技巧与人际关系改善	

9. 以下综合能源服务的相关领域，您觉得您需要更加深入了解的是哪个方面？

A. 综合能效　　　　　　　B. 多能供应　　　　　　　C. 清洁能源

D. 新兴用能　　　　　　　E. 智慧用能　　　　　　　F. 能源交易

10. 您认为要当好一名班组长应具备哪些素质与能力？您感觉自身在哪些方面尚需提高？

11. 目前您工作中的主要压力、经常遇到的问题或困惑有哪些？

12. 您是否曾经参加过相类似的培训，如果参加了，您认为哪些课程效果最好，对您最有帮助？

13. 如果省公司组织开展班组长培训，您认为培训时间以多长为宜？

A. 3 天　　　　　　B. 5 天　　　　　　C. 7 天　　　　　　D. 10 天以上

14. 如举办班组长培训班，您认为开班时间定在什么时候比较合适？

A. 月初　　　　　　B. 月中　　　　　　C. 月末　　　　　　D. 周末　　E. 其他（请填写）

15. 如果参加公司班组长集中培训，您希望培训师资的配备（从以下选项中按自己的喜欢程度排序）

A. 公司系统相关领域专家　　　　　　B. 公司相关领导

C. 高校知名教授　　　　　　　　　　D. 管理咨询公司培训讲师

16. 如果参加公司组织的班组长集中培训，您认为采用哪些培训方式较好？

（从以下选项中按自己的喜欢程度排序）

A. 课堂讲授　　B. 专题研讨　　C. 互动交流　　D. 案例分析

E. 模拟演示　　F. 现场观摩　　G. 潜能开发（心智训练）

17. 请列出您个人对本次培训的几点期望。

对于因果模式的关联知能，可以通过实例向学员展示在一个真实的或者模拟的情境中每一个事件的细节、后果。例如，对实训教学的危险点从"人、物、管、环"进行原因分析时，可以用下面的实例来说明。

▌实例1: 实训现场安全检查

某培训中心对实训场地进行安全检查，发现以下问题，见表7-5。培训中心要求相关教学部门对实训教学从"人、物、管、环"四个方面进行整改。

表7-5   实训场地安全检查问题清单

问题1	对学员的着装没提出要求
问题2	对学员的身体状况没提出要求
问题3	设备安装不符合规定
问题4	设备警示标志不齐全
问题5	实训场地照明不足
问题6	一楼的实训场地湿度太大
问题7	文件、记录不符合规定
问题8	作业规程、安全措施没有上墙

对于处理方法的关联知能，可以通过实例向学员展示事件处理的每一个步骤、经验规则及其步骤完成后所得到的结果。例如，在培训需求调查课程中，对于设计调查工具中的档案资料收集工具，可以用实例展示其处理方法，具体如下。

▌实例2: "新任班组长轮训" 需求调查档案资料信息收集

"新任班组长轮训"项目组在开展培训需求调查过程中，采用了档案资料分析法，其具体做法如下。

步骤1: 确定资料目录编制查阅提纲。依据已经明确的调查内容，确定需要通过查阅档案资料收集的信息，列出查阅档案资料的目录，针对每一项档案资料，明确需要阅读的内容，编制查阅提纲。

步骤 2：查阅制度文献，熟悉员工岗位要求。查阅组织战略、组织文化、组织结构、运行机制和管理制度等文献资料，了解组织对员工的期望和员工岗位工作的标准规范。

步骤 3：搜录工作档案，了解员工现实状况。收集员工个人档案、工作记录等资料，了解员工在实现组织期望、完成岗位工作等方面的现实状况。

步骤 4：设计表单，形成档案资料信息归总表。将前三个步骤工作内容以表单的形式呈现，具体如表 7-6 所示。

表 7-6 "新任班组长轮训"需求调查档案资料信息归总表

资料目录	阅读提纲	规定标准	现实状态
班组长岗位说明书	任职资格要求	专科及以上学历，中级及以上职称或技师及以上技能等级，从事本专业工作 3 年以上	80％的班组长满足
	主要工作职责	员工管理、工作计划管理、安全管理、专业管理、现场培训管理、班组基础管理、班组建设	职责都有，但就班组长岗位而言，相对较粗
加强管理穿透力工作方案	管理要点、工作要求、清单建立	梳理专业管理核心要点、核心流程；明晰专业管理责任和专业管理要求；建立重点工作清单和责任负面清单	专业管理核心要点不太清晰，没有建立重点工作清单和责任负面清单
绩效考核资料	关键绩效、考核指标	安全生产指标、工作任务指标、员工管理指标	较齐全
	绩效管理、执行情况	指标设置、员工业绩考核与评价、绩效沟通	指标设置欠合理、不能反映员工业绩；评价过程流于形式；绩效沟通不到位
现场培训资料	计划方案	制定年度培训计划和月度培训实施方案；资料齐全	有计划、方案，培训资料欠齐全，资料整理欠规范、部分过程资料有缺失
	执行情况	年度、月度计划完成情况；培训组织情况	年度计划能完成，月度计划有延迟；大部分班组培训组织不严谨

续表

资料目录	阅读提纲	规定标准	现实状态
班组安全管理资料	安全管理要求	建立健全安全责任制，签订全员安全责任书，全员安规考试合格率100％，不发生安全责任事故、事件和违章行为	符合要求

三、融入完整事件处理的新知示证

融入完整事件处理的新知示证是指针对一个问题解决事件，提供相对完整的样例进行具体刻画，以此向学员展示在具体的情境中如何运用新的知识和技能。融入完整事件处理的新知示证通常会与训练任务有机结合，融为一体。以下是在《培训需求调查》课程中针对需求调查内容确定这一问题解决事件的一个完全样例。

▌实例："新任班组长轮训需求调查内容确定" 样例

某电网企业是国家电网有限公司的全资子公司，以建设和运营电网为核心业务，担负着保障省域内电力可靠供应的重大责任。公司下设14个市（州）供电公司、98个县供电公司，用工总量7.01万人。该公司拥有1200个基层班组，承担着区域内变配电设备和输配电线路的运行与维护以及营业区内的用电业务受理与服务。

近年来，公司矢志不渝抓改革、促发展，坚持不懈补短板、强弱项，各项事业呈现蓬勃发展态势，确保了国有资产保值增值，确保了全省安全可靠供电。在公司蓬勃发展的同时，公司决策层居安思危，敏锐地发现在公司系统内存在管理层层衰减、执行力偏弱的问题。

究其原因，主要是公司基层班组管理基础不够扎实，部分班组长尚不能完全适应班组长的角色要求，特别是近3年来新提拔的近400余名班组长尤为明显，主要表现在两个方面：一是角色定位与班组管理要求不相适应，由于思维惯性的作用，仍然将自己定位于作业组织者，并没有意识到角色的改变，对班组长的工作职责把握不准；二是知识结构、个人能力与班组长的岗位要求相对滞后，还不能完全胜任生产经营、员工培训、技术管理等工作任务。

针对基层班组管理基础不够夯实的问题，公司决策层作出了在公司系统内加强管理穿透力的决策。为落实公司的决策部署，公司人力资源部计划组织对近 3 年新任的 400 余名班组长进行轮训，重点提升新任班组长的管理技能，并委托公司培训中心开展项目策划工作。公司培训中心接受项目策划任务后，成立了"公司系统新任班组长轮训"项目组，开展了为期两个月的项目调研与策划工作。

项目组在开展培训需求调研前，为了确定调查内容，做了以下基础工作。

（1）根据公司领导关于加强管理穿透力的要求，结合公司的实际情况，选择了调查要素项；

（2）针对所选择的要素项，根据企业的要求，结合班组长岗位的特点，确认具体的要素点，并进一步对各要素点进行细化和具体化；

（3）编制了"新任班组长轮训"需求调查内容征询表，如表 7 - 7 所示；

（4）将拟定的需求调查内容，征求人力资源部门和相关专业人员的意见，对需求调查内容进行完善与确认。

表 7 - 7　　　"新任班组长轮训"需求调查内容征询表

层次	调查要素项	调查要素点	调查内容
组织层面	政策环境	新的法律法规出台或法律法规发生变化； 新业务的拓展、新产品的开发	电力相关法律法规及掌握程度； 综合能源服务的工作开展情况
	管理创新	新管理方式、管理流程、管理手段的应用	公司关于强化管理穿透力的要求

续表

层次	调查要素项	调查要素点	调查内容
岗位层面	任务数量	岗位工作任务	班组管理的主要工作任务
	重要程度	工作任务对工作绩效的重要性	班组管理中最重要的工作任务
	执行难度	工作任务执行者的能力要求，任务执行的难点	班组管理中难度最大的工作任务
	安全要求	安全生产管理	班组安全管理的要求及难点
员工层面	员工能力	学历、职称、工作经历、培训经历	班组长工作经历、培训经历
	工作氛围	班组和谐、合作沟通、满意度	班组的工作氛围；与上下级的沟通；上级、下级及自身对班组工作的满意度
	职业发展	学习能力与学习习惯	班组长自身的学习习惯；喜好的培训方式
生产部门意见			
营销部门意见			
人资部门意见			

第二节　融入作业练习

一、作业练习的含义

作业练习是指学员完成对新知能的理解和领会之后，为了让这种习得更加深刻透彻，所提供的适当的指导性操练。对于以解决现实问题为中心的培训课程，作业练习是训练任务的有机组成部分，当学员能够应用所学的新知能时，可以促进学习。

培训实践中经常会遇到这种情况，学员在听培训师讲解时，是能够跟得上思路的，并且认为自己已经弄懂和掌握了，一旦自己上手尝试，往往会出现卡壳和一知半解的情况。培训师通过作业练习让每位学员都动手、动脑、动身尝试应用一番，一方面学员可以从作业练习中体验自己对新知能的理解和掌握程度，另一方面培训师可以判断学员初步习得的新知能是否透彻完整，从而进行适当的教学调整，确保教学目标的达成。

有些人很看重"先学后教"或者"先练后导"，好像这样做就是以学员为中心了，实际上这是一种偏见。学在前还是教在前，练在前还是导在前，这并不重要，重要的是两者要关联和匹配。所谓先学后教，并不是真的让学员先尝试错误再教，而是将教的功能前置到预习、教材和媒体上。除一些特殊且重要的培训项目，很难将教的部分功能前置在课堂以外，作业练习放在新知呈现之后也必然是可行的。

当前，作业练习这一教学环节普遍还比较薄弱，主要表现在两个方面。一是部分培训师认为培训课程的时间有限，安排作业练习没有必要；二是设计作业练习有一定难度并且耗时，部分培训师并没掌握其相关技巧，有意回避这个环节。对于以解决现实工作问题为中心的培训课程，光讲不练显然是不太合适的。

融入作业练习就是保证课程传授做到讲练结合，安排作业练习的多与少，可从教学目标、技能特点、课程时长、学员人数等方面综合考虑。作业练习是围绕关联知能进行设计的技能操练，对于领域模式中的概念模式，通常不安排技能操练，设计作业练习主要围绕关联知能的结构模式、因果模式和处理方法展开。

二、融入结构模式的作业练习

融入结构模式的作业练习，是指针对已经讲解示范的结构模式，紧扣教学目标匹配设计的技能操练。

设计针对结构模式的作业练习时，应要求学员在一个新的或者模拟的情境中进行构建和组织一个新的成果。

例如，在讲授完"培训需求调查问卷设计"后，可以设计一个"构建新成果"的练习。

▌ 练习：　某专业培训需求调查问卷设计

请结合本人的培训工作领域，参照问卷的示例（见表7-4），在表7-8中，从三个方面（具体培训需求、专项培训需求、培训过程需求）各设计两个调查问题。

表7-8　　　　　　　　××专业培训需求调查问卷

前言					
姓名		性别		年龄	
学历		所属部门		工作岗位	
职称		技能等级		工作年限	

具体培训需求：

专项培训需求：

培训过程需求：

三、融入因果模式的作业练习

融入因果模式的作业练习，是指针对已经讲解示范的因果模式，紧扣教学目标匹配设计的技能操练。

设计针对因果模式的作业练习时，应要求学员猜想在一个新的具体的情境中提供一组条件的结果，也可以要求学员找出未曾预料的结果的欠缺条件是什么。当在一个具体的情境中逐渐增加难度，要求学员猜测结果或改进欠缺条件时，能够更加有效地帮助他们解决实际问题。

例如，在讲授完"实训教学的危险点原因分析"后，可以设计一个"由原因猜测结果"的练习。

▌练习： 实训现场安全隐患分析

某培训中心对实训场地进行安全检查，发现以下问题，见表 7 - 9。请分析这些问题可能产生什么安全隐患。

表 7 - 9　　　　　　　　　　实训场地安全检查问题清单

序号	问题清单
问题 1	对学员的着装没提出要求
问题 2	对学员的身体状况没提出要求
问题 3	设备安装不符合规定
问题 4	设备警示标志不齐全
问题 5	实训场地照明不足
问题 6	一楼的实训场地湿度太大
问题 7	文件、记录不符合规定
问题 8	作业规程、安全措施没有上墙

例如，讲授完"实训教学的危险点原因分析"后，可以设计一个"找出未曾预料的结果的欠缺条件是什么"的练习。

▌练习： 分析某技能培训课的培训教学组织

【背景材料】以下是某培训师在给检修人员上检修技能培训课时的场景：

某培训师应邀在培训基地为检修人员上设备检修的技能培训课。培训师将培训过程分为两个阶段，第一阶段在培训教室进行设备检修的理论讲解与分析，第二阶段组织学员前往培训基地的实训场地进行现场技能培训。

由于培训班学员较多，培训师将学员分为两个小组，每组十五人，先后前往设备区观摩培训师的检修操作过程。

在现场培训过程中，由于设备操作区可视部位较狭窄，且位于检修平台之上，学员为了看清培训师的操作细节，争相挤在检修平台上，有一名学员不慎在培训过程中滑倒，从检修平台跌下扭伤脚踝，培训师迅速联系培训项目负责人对受伤学员进行了医疗护理。

处理完受伤学员后，培训师立即清点安排在场地休息区的第二组学员，发现有两人不在休息区守候，在现场寻找后发现两名学员正在观看设备区的电气试验人员做设备测试。培训师将学员召集起来仔细说明了现场的安全要求及注意事项，继续完成了后面的技能培训。

【分析任务】请根据以上的培训场景描述分析：

（1）此次培训的教学组织中有哪些地方处理不当？

（2）在此次实训教学环节应注意哪些危险点？

【参考答案】

（1）此次培训教学组织的不当之处有：

教学内容整体安排不当。把一堂检修课分为理论环节和实训环节，割裂了理论和实践操作的统一性。

实训环节组织安排不当。始终有一个小组没有安排任务，造成培训现场人员管理及安全管理难度增加、培训效率不高；

培训安全组织措施不当。对于现场存在安全隐患应提前做好预控措施，防止安全事故发生；

培训学员管理不当。实训过程中，对部分学员没有实施管控。

（2）此次实训环节存在的主要危险点有：

实训场地存在登高作业，可能存在高处跌落危险；

实训场地有交叉作业情况，可能存在触电等意外事故；

人多场地小，可能存在拥挤踩踏的危险。

又如，在讲授完"培训需求分析"后，可以设计一个"找出未曾预料的结果的欠缺条件是什么"的练习。

▌练习：诊断某大型公司员工培训需求分析工作

【背景材料】作为一个高速成长的企业，某大型公司认为对员工的培训尤为重要，做好培训需求分析工作是保证培训效果的基础。

1. 培训需求分析的参与者

（1）人力资源部门工作人员。培训需求分析的整个工作由人力资源部门主持，他们对每个岗位的要求和变化最为清楚。

（2）员工本人。了解自己的学习需要并参与制订相应的培训项目与计划。

（3）员工上级。他们对员工的优缺点比较清楚。他们能帮助人力资源部门明确培训目标和培训内容，并亲自督促执行。

（4）有关项目专家。他们对问题的看法往往是颇有见地的，汇集专家意见，无疑会得到一些启示。

2. 培训需求分析的内容

（1）公司的使命是：聚焦客户关注的挑战和压力，提供有竞争力的专业解决方案和服务，持续为客户创造最大价值。

（2）公司的战略是：为客户服务是公司存在的唯一理由，客户需求是公司发展的原动力。

（3）公司的文化：一是敏锐的嗅觉，二是不屈不挠、奋勇拼搏的精神，三是群体奋斗。

（4）对工作任务进行分解和分析，获取相关信息，根据工作任务分析结果确定培训需求。

（5）查找员工绩效差距。从绩效差距入手，寻找企业工作岗位要求的绩效标准与员工实际工作绩效之间的差距，进而确定能否通过培训手段消除差距。

（6）分析员工绩效差距的原因。通过分析个人的知识、技能和能力，个人的态度和动机，以及来自上级、同事的反馈和强化，从多方面寻找产生差距的原因，为自己的培训需求分析提供完整、可靠的事实和依据。

（7）确定解决的方案。判断应该采用培训方法还是非培训方法来消除差距。

【诊断任务】

（1）本培训需求分析案例中做得好的方面有哪些？

（2）在本案例中有"对工作任务进行分解和分析，获取相关信息，根据工作任务分析结果确定培训需求"这样一段话，请结合你的培训工作经验进行分析，该公司要实现本段话描述的做法，还需要做哪些具体的工作？

【参考答案】

（1）本培训需求分析案例中做得好的方面：

需求分析的层次非常清晰，包括组织需求分析、工作任务分析和员工个体需求分析，各个层面信息齐全。

获取信息的对象定位准确，包括员工本人、员工上级及人力资源部门。

邀请相关专家参与需求分析也是一个比较好的举措。

（2）还需要做如下具体工作：

岗位工作任务分析从确定职责，明确任务、分解任务、分析要求四个方面进行。

依据需求调查收集的档案资料、访谈记录、观察记录等资料，形成岗位工作任务描述表，其中包括完成任务的质量要求、知识与技能要求。

进行员工能力现状分析，具体方法包括：档案资料分析、访谈记录分析、观察记录分析和问卷分析。

查找胜任岗位工作的技能差距和知识差距，分析哪些可以通过培训解决，哪些不能通过培训解决，最终形成培训需求。

四、融入处理方法的作业练习

融入处理方法的作业练习，是指针对已经讲解示范的问题解决事件的处理方法，紧扣教学目标匹配设计的技能操练。

设计针对处理方法的作业练习时，应要求学员在一个新的或者模拟的情境中执行事件处理的每一个步骤，使学员了解行动的后果。当在一个具体的情境中逐渐增加难度，要求学员熟练把握各个步骤的操作要领时，能够更加有效地帮助他们解决实际问题。

例如，在讲解完"培训需求调查方法——访谈法"后，可以设计一个"针对问题解决事件的处理方法"的作业练习，如下所示。

▍练习：　访谈法的实践应用

请结合个人的培训专业领域，将培训需求调查之访谈法的以下步骤具体化。

步骤 1：确定访谈对象和访谈主题；

步骤 2：设计访谈问题、编制访谈提纲；

步骤 3：实施访谈、做好访谈记录。

第八章　选择方法手段

本章速览

　　A-PRICE教学设计模型的第五步是选择教学方法手段（见图8-1），是在课程内容、相关示证和作业练习都编排完毕后，在教学原则的指导下，选择教学方法和教学手段。本章将帮助指导您掌握选择教学方法手段的相关技巧，实现将组织搭建的相关知能有效地传递给学员，确保课程内容信息传递顺畅，教学活动方式丰富多彩。

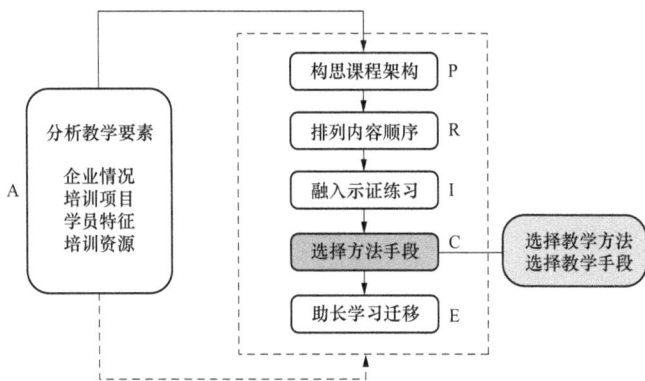

图8-1　A-PRICE模型操作步骤5

第一节　选择教学方法

一、常用教学方法的特点及操作要领

1. 讲授法的特点及其操作要领

讲授法特点及操作要领如表8-1所示。

表 8 - 1　　　　　　　　　　讲授法的特点及其操作要领

培训方法	讲授法
特点	1. 信息量大，可以在较短时间内传递大量信息； 2. 效率高，可以同时对众多学员集中授课，系统讲授内容； 3. 掌控性强，不受场地、设备设施等限制，便于调控课堂、控制教学进程； 4. 易陷入单向说教、呆板枯燥的"满堂灌"的状态； 5. 学员参与度和自主思考度较弱，其主体作用难以发挥； 6. 培训教学效果过度依赖培训师的口头表达能力
操作步骤	1. 精构框架，开讲时的简介要搭好内容框架，条理清楚，逻辑性强； 2. 精炼讲解，讲授中突出要点和重点，纲举目张，主次分明； 3. 精确归纳，讲授结束时进行回顾与归纳、拓展与启示
注意事项	1. 注意让每位学员看得见、听得着； 2. "说"与"演"有效结合，使讲授有声有色、形神兼备； 3. 围绕主题，联系学员工作实际，用实例说话； 4. 通过关联、类比等方式，使抽象问题具体化、理性问题感性化

2. 提问法的特点及其操作要领

提问法特点及操作要领如表 8 - 2 所示。

表 8 - 2　　　　　　　　　　提问法的特点及其操作要领

培训方法	提问法
特点	1. 学员参与度高； 2. 激发学员的思维能力，带领学员探讨"所以然"； 3. 集中学员的注意力，张弛结合间，提高学员的学习兴趣； 4. 架起培训师与学员之间的交流桥梁，反馈有效的教学信息； 5. 受课堂环境、教学时间和学员人数的限制； 6. 对问题设计提出很高的要求

培训方法	提问法
操作步骤	1. 提出问题，巧妙引入，简练明确，引起注意； 2. 组织思考，根据问题的复杂程度，给予学员一定的思考时间； 3. 组织回答并点评，选择适当的对象回答问题，及时点评回答结果
注意事项	1. 设计问题时应注意其整体性、启发性、量力性、预感性和趣味性； 2. 要准备接受正确的，甚至是异常的答案，特别是在提出开放性的问题时不急于给出问题的答案，不要阻止学员把结果说完，就算是错误的回答； 3. 对于探询性的问题应就学员的回答进行重新导向，使之向有效的方向发展； 4. 不要让提问作为一种惩罚或让学员感到尴尬的方式

3. 演示法的特点及其操作要领

演示法步骤及操作要领如表 8-3 所示。

表 8-3　　　　　　　　　　演示法的特点及其操作要领

培训方法	演示法
特点	1. 通过简单直观的方式，帮助学员认知教学内容； 2. 可吸引学员的注意力； 3. 具有直观性和直接性，可以增强学员对事物的感性认识； 4. 学员参与度低； 5. 实物演示受到场地和学员人数的限制
操作步骤	1. 依据课程内容和资源条件，选择演示方式（如图片、音像、实物、模型等）； 2. 进行演示，引导学员观察，并适时给予提示； 3. 引导学员发现问题，得出现象的本质

培训方法	演示法
注意事项	1. 确保学员都能看得见，引导学员把注意力集中到所演示内容上，提醒学员边观察边思考； 2. 把可能产生疑问的地方提前交代清楚，及时提示学员注意事项； 3. 演示的同时，应配合演示材料的结构、特征或操作过程进行讲解； 4. 通过设问、反问等语言启发，帮助学员由感性认识上升到理性认识

4. 小组讨论法的特点及其操作要领

小组讨论讲授法特点及操作要领如表 8 - 4 所示。

表 8 - 4　　　　　　小组讨论法的特点及其操作要领

培训方法	小组讨论法
特点	1. 能够激发和调动学员的学习积极性； 2. 有利于学员牢固掌握知识、生成技能和形成观念； 3. 有利于培养学员发现问题、分析问题和解决问题的能力； 4. 团队学习，取长补短，可以培育协作意识； 5. 受课堂环境、教学时间和学员人数的限制，对教学管理提出了更高的要求； 6. 培训师组织讨论需要较高的技巧
操作步骤	1. 分组，要求选好讨论主持者、中心发言者、讨论记录者等角色； 2. 承接课程内容，提出讨论议题； 3. 各小组开展研讨，培训师巡查引导； 4. 学员代表交流分享； 5. 点评总结
注意事项	1. 学员人数以不超过 40 人为宜，每组人数以不超过 7 人为宜； 2. 讨论主题要切合课程内容，最好与学员的实际工作相关； 3. 依据讨论结果，提炼整合，并将其作为后续的教学资源要素

5. 案例分析法的特点及其操作要领

案例分析法特点及操作要领如表 8-5 所示。

表 8-5   案例分析法的特点及其操作要领

培训方法	案例分析法
特点	1. 能培养学员科学、系统的思维方式，有助于思维能力训练； 2. 有助于培养学员发现问题、分析问题和解决实际问题的能力； 3. 能够激发学员创造力，寻求问题的多种解决方式； 4. 能帮助学员养成积极参与和向他人学习的习惯； 5. 若案例选取加工不当，容易造成案例信息失真或以偏概全； 6. 案例分析教学耗时较长； 7. 培训师组织案例分析需要较高的技巧
操作步骤	1. 学员分组，明确角色； 2. 对接内容，推出案例，并提出所需分析的问题； 3. 组织学员讨论、分析案例，并适时指导； 4. 学员代表分享观点； 5. 点评分析过程和结果，总结归纳
注意事项	1. 遴选和加工案例时要考虑其服务教学目标的"宽度"和学员思考的"深度"，对接实际工作； 2. 案例的提问应按直接关联问题、工作匹配问题和启发性问题设计； 3. 案例分析的最终结论要从现象层面提升到规律层面，从个体层面提升到群体层面，从个性层面提升到共性层面

6. 游戏教学法的特点及其操作要领

游戏教学法特点及操作要领如表 8-6 所示。

表 8‑6　　　　　　　　游戏教学法的特点及其操作要领

培训方法	游戏教学法
特点	1. 学员参与体验，激发学员学习的积极性； 2. 迁移性强，学员学习与直观的情景联系，理解和记忆更加深刻； 3. 与现实工作相比，其游戏准备和后果承担的成本费用要低得多； 4. 受到时间、空间和学员数量的限制； 5. 游戏情景与工作情景难以完全对接； 6. 新游戏开发存在一定的难度
操作步骤	1. 告知学员主题，明确游戏规则； 2. 引导学员参与，巡查并纠正学员游戏过程中出现的偏差； 3. 引导学员分享参与游戏的感受和启发； 4. 点评学员参与游戏的表现，归纳学员的分享成果，并提炼升华
注意事项	1. 游戏应为教学内容服务，必须与教学内容密切相关； 2. 开展游戏应考虑时间、空间、学员人数、辅助材料等基本条件； 3. 游戏除考虑活跃气氛外，但更应注意引发思考、培养技能、转变观念； 4. 引导学员跳出游戏情景，由过程发现方法，由现象发现本质，由差错反思不足，最后抽象概括、提炼升华，回归到课程内容

7. 练习法的特点及其操作要领

练习法特点及操作要领如表 8‑7 所示。

表 8‑7　　　　　　　　练习法的特点及其操作要领

培训方法	练习法
特点	1. 使学员在神经系统中形成一定的动力定型，以便顺利、成功地完成某种活动； 2. 通过练习可以有效地训练学员的各种技能技巧； 3. 反复练习可使学员由初级技能向技巧性技能提升，熟能生巧； 4. 简单机械地重复练习，会降低学员学习兴趣，产生枯燥感； 5. 练习需要耗费较长时间； 6. 有些练习需要消耗一定的材料

培训方法	练习法
操作步骤	1. 布置训练任务，强调操作规范； 2. 培训师将操作动作分解示范，学员模仿练习； 3. 学员反复练习，培训师巡查学员技能掌握情况，及时纠正错误； 4. 生成技能，展示成果，点评总结
注意事项	1. 开展练习应考虑时间、工位、学员人数、辅助材料等基本条件； 2. 练习应设计分段训练目标，确保每次练习结束能有阶段性成果； 3. 复杂连贯动作要分解成便于学员快速领会的分解动作，并命名； 4. 充分发挥语言讲授和过程示范的作用，帮助学员理解效仿； 5. 评价学员练习效果时，要将动作要领的技术要求进行量化

8. 任务驱动法的特点及其操作要领

任务驱动法特点及操作要领如表 8-8 所示。

表 8-8 **任务驱动法的特点及其操作要领**

培训方法	任务驱动法
特点	1. 以任务"驱动"学员，调动学员学习的积极性； 2. 能使学员在完成任务的过程中分析问题、解决问题，生成能力； 3. 学员通过具体任务的实施，掌握解决问题的方法，拓展能力； 4. 任务完成后形成的成果是具体、可衡量的，使学员有成就感； 5. 受设备、工位、空间、时间等资源的限制； 6. 对学员的要求较高，需要具备一定的知识和技能才适宜开展； 7. 培训师须拥有较强的任务设计能力和课堂掌控能力
操作步骤	1. 向学员布置任务，并对任务实施和最终结果提出明确要求； 2. 学员整合相关信息，编制任务实施方案； 3. 学员实施任务，培训师巡视检查，控制进度，启发引导； 4. 学员展示成果，交流分享； 5. 评价总结，促进学员能力生成

续表

培训方法	任务驱动法
注意事项	1. 任务的设计应服务教学目标，贴近学员工作实际，任务成果要便于评价； 2. 任务要充分考虑时间、空间、学员人数、材料等培训资源条件； 3. 学员编制任务行动方案是任务驱动法的关键环节，培训师要从方案编制的规范性、合理性、可行性等方面对学员进行指导； 4. 评价主要从过程评价和结果评价两个方面进行

9. 情景模拟法的特点及其操作要领

情景模拟法特点及操作要领如表 8‐9 所示。

表 8‐9　　　　　情景模拟法的特点及其操作要领

培训方法	情景模拟法
特点	1. 能激发学员的学习欲望，充分调动学员积极性； 2. 环境与过程形象直观，学员通过体验式学习，可以提升培训效果； 3. 能较好解决在现实工作中难以再现或难以形象化讲授的问题； 4. 能使学员在模拟情景的过程中分析问题、解决问题，生成能力； 5. 受空间、设备、时间等资源和学员人数的限制； 6. 对培训师情景设计能力和过程掌控能力要求较高； 7. 学员的情绪、表演欲望及专业认知等因素会影响情景模拟效果
操作步骤	1. 整合相关培训资源，匹配课程内容设计情景； 2. 向学员布置情景模拟任务，并分配相关角色； 3. 学员演绎情景，培训师观察记录； 4. 学员分享并感悟升华； 5. 评价总结

培训方法	情景模拟法
注意事项	1. 创设情景应对接现实工作，并考虑教学目标、教学时间、学员人数等因素； 2. 情景模拟过程中，要对学员的行为、外在表现等做好观察、记录，作为评价总结的依据； 3. 情景模拟结束后，要引导学员分享体验与感悟，通过点评归纳，将相关知能进行延伸拓展，促进学员自我反思，由此及彼、触类旁通，形成知能迁移

10. 行动学习法的特点及其操作要领

行动学习法特点及操作要领如表 8 - 10 所示。

表 8 - 10　　　　　　　　行动学习法的特点及其操作要领

培训方法	行动学习法
特点	1. 用真正的问题或事件作为学习载体，解决企业实际问题，产生富有创意的解决方案，提升学员兴趣； 2. 采用团队学习方法，在提问反思中提升能力； 3. 学员的注意力集中于结果和未来，减少了由学习到应用的时间； 4. 可以及时反馈团队成员的表现； 5. 培训师须拥有较强的任务设计能力和过程掌控能力； 6. 对学员的要求较高，需要具备一定的知识和技能才适宜开展； 7. 受培训时间限制，只能用在特别重要且时间跨度很长的培训项目中
操作步骤	1. 选定主题，企业需解决且通过努力可以解决的工作难题； 2. 组建团队，成员来自问题相关单位或部门，有一定的责权； 3. 团队研讨，分析导致问题的原因，提出解决方案和行动策略； 4. 实施方案，成员按研讨的解决方案实施，定时检查实施效果； 5. 问题反思，发现新问题，分析原因，重组方案，再实施新方案； 6. 成果固化，总结成果，将成果编入企业制度和规范，巩固成果

续表

培训方法	行动学习法
注意事项	1. 任务的设计应服务教学目标，源于企业实际工作，任务成果要便于评价； 2. 培训学员通常是企业的管理人员； 3. 任务要充分考虑时间、学员人数、信息等培训资源条件； 4. 培训师应从方案编制的规范性、合理性、可行性等方面对学员进行指导，同时加强对问题反思环节的引导； 5. 评价主要从过程评价和结果评价两个方面进行，更应侧重结果评价

二、教学策略与教学方法

在第五章构思课程架构中已经介绍了依据课程内容的特点适配教学策略的技巧，教学策略最终落地，需要具体的教学方法来实施。教学方法就好像是一块块砖，而教学策略则提供了如何将砖砌成墙体的框架。由于不同教学策略的传授途径存在很大的差异，其配套的教学方法也大不相同。以下是四种教学策略配套教学方法的对比，如表 8 - 11 所示。

表 8 - 11　　　　　　　教学策略配套教学方法对比表

教学策略	呈现形式	策略特点	学习积淀	主要配套教学方法
讲解—接受	讲演—听记 提问—作答	学员参与度低； 省时	低于30%	讲授法、演示法、提问法
示范—模仿	演示—仿做 自练—点评	学员参与度高； 耗时	75%以上	演示法＋练习法、情景模拟法
引导—发现	引导—思考 处理—点评	学员参与度高； 耗时	50%以上	提问法、讨论法、案例分析法
情境—感悟	情境—体验 感悟—点评	学员参与度高； 耗时	75%以上	游戏法、情景模拟法、任务驱动法、行动学习法

三、选择教学方法的技巧

每一种教学方法都有它的长处与短处，有一定的适用领域。选择教学方法时应综合考虑以下几个因素。

（1）教学方法选择应遵循教学原则。激发动机、认知减负、集中注意、心智建模四个原则从心理学的原理出发，给出了合适的教学活动方式。遵循教学原则选择教学方法，可以提高教学效率，确保教学目标的达成。

（2）教学方法选择应与教学策略相匹配。教学策略构思时已经充分考虑了教学目标的要求和课程内容的特点，对于不同的教学策略，其教学内容的传递途径不同，教与学的活动方式也不一样，配套的教学方法应服务于教学策略的实施。

（3）教学方法选择应与参训学员特征相适应。教学方法要适应学员的年龄特征、专业背景、生活经验、能力等级和知识基础，同时还要考虑培训班学员的人数多少。

（4）教学方法选择应考虑课程时间的长短。不同的教学方法教与学的活动方式不同，花费的时间也大不一样，受课程时长的限制，教学方法的选择和搭配应统筹考虑。

（5）教学方法选择应考虑项目的资源条件。很多教学方法对课堂的环境与布置、实训场地的设备与工位都会有相应的要求，只有当培训项目具备这些条件时，才可选择可以支撑的教学方法。

（6）教学方法选择应考虑培训师自身的能力水平。教学方法要由培训师来运用，因此选用什么方法，还要考虑培训师自身的条件。例如，对于机械、电工、汽修等专业技能课程，培训师亲自动手演示操练，这样效果最佳，如果培训师缺乏相应的技能，则可借助多媒体进行演示。

（7）教学方法选择应考虑方法本身的教学效果。对于不同教学目标的课程内容，各种教学方法的教学效果也有着相当大的差异。在选择教学方法时，可参考表 8 - 12 的相关信息进行对比判断。

表 8 - 12　　　　　　常用培训方法的培训效果对比表

方法	获得知识	提高技能	改变思维	转变观念	调整心智
讲授法	很好	一般	一般	良好	一般
提问法	良好	一般	良好	良好	良好
演示法	良好	良好	良好	一般	一般
小组讨论法	良好	良好	良好	良好	很好
案例分析法	一般	良好	很好	很好	良好
游戏教学法	一般	一般	很好	良好	良好
练习法	一般	很好	一般	一般	一般
任务驱动法	一般	很好	良好	一般	一般
情景模拟法	一般	很好	很好	很好	良好
行动学习法	一般	很好	很好	很好	很好

第二节　选择教学手段

一、常见教学手段的类型

培训教学手段是培训师与学员教学相互传递信息的工具、媒体或设备。常用的培训教学手段有电子课件、仿真软件、网络平台、实物、模型、图片等多种类型。具体如表 8 - 13 所示。

表 8 - 13　　　　　　培训教学手段常见类型及形式

培训教学手段	常见形式
电子课件	PowerPoint、Authware 等
仿真软件	三维沉浸式仿真、原理性仿真、操作类仿真、VR 仿真等

续表

培训教学手段	常见形式
网络平台	微课、慕课、网络直播、网络大学等
实物	现场设备、实验平台、试验平台、工器具、仪器仪表等
模型	三维模型、外观模型、结构模型等
图片	各种与课程内容相关的照片和挂图

二、常见教学手段的特点及使用注意事项

1. 电子课件的特点及使用注意事项

电子课件的特点及使用注意事项如表8-14所示。

表8-14　　　　　电子课件的特点及使用注意事项

教学手段	电子课件
特点	1. 图文并茂、形象直观； 2. 省略板书时间； 3. 信息量大，教学效率提高； 4. 课件质量取决于培训师课件制作能力； 5. 培训师过于依赖电子课件，脱离传统教学教具（白板、挂图等），会使课堂教学的互动性不强
使用注意事项	1. 课件制作要根据教学设计的思路，明确课件整体的层次结构，厘清各页面间以及单页面内信息呈现的逻辑顺序； 2. 课件呈现的是培训师在授课过程中需要学员重点关注的信息，而不是培训课程涵盖的所有信息内容； 3. 培训师要把课件看成是一种变相的"板书"，课件上呈现的每个字、每幅图、每个视频都是授课演绎，都是供学员学习观看使用的； 4. 在使用课件教学时，要做到讲授内容和课件页面的高度统一； 5. 培训师除了利用电子课件作为教学手段外，还需要配套使用白板板书、挂图展示等传统手段，特别是涉及公式推导、逻辑推理、数理分析等方面的授课内容

2. 仿真软件的特点及使用注意事项

仿真软件的特点及使用注意事项如表 8 - 15 所示。

表 8 - 15　　　　　　　仿真软件的特点及使用注意事项

教学手段	仿真软件
特点	1. 情景逼真； 2. 无器材损耗； 3. 可以进行事故重演； 4. 交互性强，不受时间、地域限制； 5. 缺乏一定的真实性； 6. 容易忽略仿真系统中违章操作行为的后果严重性
使用 注意事项	1. 避免学员只关心仿真操作，而忽略培训师的定期巡视指导行为； 2. 防止学员只注重个人操作而脱离团队合作，要将团队合作纳入考核； 3. 强调在思想上应将仿真操作视同现场操作，要参照现场的工作标准、规程规范和作业指导书制订科学的考核标准； 4. 关注学员仿真操作结果的同时也要关注过程，在软件条件允许的前提下，对学员的仿真操作过程和操作行为进行记录和评分

3. 网络平台的特点及使用注意事项

网络平台的特点及使用注意事项如表 8 - 16 所示。

表 8 - 16　　　　　　　网络平台的特点及使用注意事项

教学手段	网络平台
特点	1. 能进行远程培训，节约培训资源； 2. 可以根据学员能力特点，个性化定制培训课程； 3. 学员能自行控制学习时间和进度； 4. 网络课程开发成本高； 5. 缺少面对面的真实交流； 6. 对学员的学习自觉性和自学能力要求较高

续表

教学手段	网络平台
使用注意事项	1. 线上线下互相结合，对于讲授知识、原理等理论类课程可以采用线上教育的方式；对于开展检修工艺、管理实务等技能实操类的课程教学可以采用线下的方式； 2. 加强线上互动辅导答疑，对于基于网络在线的培训方式，要设立专门的交流互动留言板块，跟踪学员学习效果，解决学员学习中遇到的难点和困惑等问题； 3. 有效考核学员学习效果，可以采用学习中插入式考核、学习完结考核等方式，检验学员学习效果

4. 实物、模型、图片的特点及使用注意事项

实物、模型、图片的特点及使用注意事项如表 8-17 所示。

表 8-17　　实物、模型、图片的特点及使用注意事项

教学手段	实物、模型、图片
特点	1. 有效解决学员抽象思维能力较差的问题，帮助学员对抽象问题的形象感知和理解； 2. 借助实物能直观进行技能演示； 3. 对培训师驾驭演示教学法的能力有一定要求； 4. 对模型教具的要求高，要能满足教学目标的要求； 5. 实物、模型购置需要成本
使用注意事项	1. 在进行演示教学前应做好演示教学有关的理论知识铺垫，提出与演示教学有关的问题，让学员带着问题有针对性地去观看演示过程； 2. 如果学员人数较多，要组织学员分组观看； 3. 对于结构功能介绍类型的演示，培训师要细致讲解实物（模型、图片）的结构和工作原理；对于技能操作类演示，要充分发挥精准的语言讲授和过程示范作用，利用演示示范帮助学员效仿，利用讲授帮助学员理解

三、选择教学手段的技巧

选择教学手段实际上就是选择传递信息的路径，信息主要是通过学员的视觉、听觉、触觉进行传递的，针对不同的课程内容，应该选择合适的信息传递方式，让学员看得见、听得清、摸得着，确保教学传递高效。选择教学手段时，应把握以下几点。

（1）**充分利用现有培训资源选择教学手段。**在分析教学要素时，应充分了解企业的培训资源，包括实物模型、演示仪器、仿真设备、网络技术、投影、录音、录像等，这样才能充分利用已有的设备条件，精心考虑可以选用的培训工具，与培训方法相结合，提高培训效率。

（2）**按照课程内容的性质选择教学手段。**不同性质的课程内容，其教学手段会有很大的差异性，如操作类技能实训课程，一般从视觉和触觉两种传递方式选择教学手段，而对于智力技能类课程，通常从听觉和视觉两种传递方式选择教学手段。

（3）**遵循教学原则选择教学手段。**选择教学手段应注意多样性，才能有效地激发学员的学习兴趣，减少认知负荷、集中学习的注意力，帮助学员有效地构建心智模式。

（4）**从支撑教学方法的角度选择教学手段。**教学手段是为教学方法服务的，一旦选用了某种教学方法，就应配套相应的教学手段。其实，教学方法与教学手段是同时考虑的，只有具备一定的资源条件，才可选择付诸实施的方法和手段。

（5）**发挥不同教学手段的长处。**培训师应清楚各种教学手段的优缺点和运用时的注意事项，方可扬长避短，确保取得满意的教学效果。

第九章 助长学习迁移

本章速览

A - PRICE 教学设计模型的第六步是助长学习迁移（见图 9 - 1），是在排列内容顺序、融入示证练习和选择方法手段的同时，并行考虑安排适当的教学活动，运用合适的教学技巧，助长学员的近迁移能力和远迁移能力。本章将帮助您掌握助长近迁移能力和助长远迁移能力的机理及教学安排技巧，让学员学以致用，将学习的新知能扩展到全新的实际情境中，解决现实工作问题，从而实现学习的有效迁移。

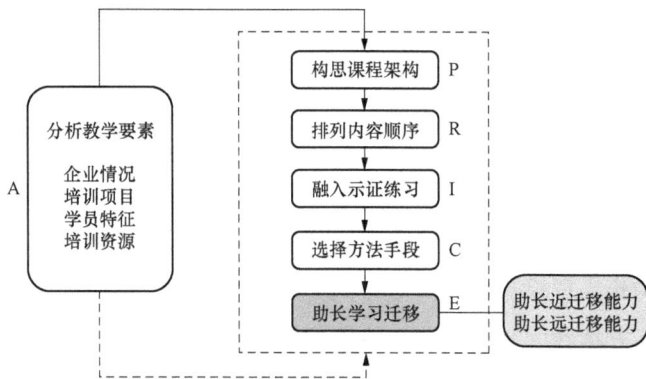

图 9 - 1　A - PRICE 模型操作步骤 6

第一节　安排助长近迁移能力的教学活动

一、近迁移任务的含义

从教学的角度，可以把某些工作任务看成是近迁移任务。

　　近迁移任务是指每一次执行的运用情境都类似，各次运用的情境之间有着许多共同要素的任务。例如，当读取和回复电子邮件或者编制员工薪酬表单时，每一次使用的界面都差不多，而所要进行的操作也基本相同，对于此类工作任务的培训，可以运用工作中用到的界面进行示范和练习。

二、助长近迁移能力的机理

　　在近迁移任务中，决策的范围是清晰的，选择的路径是明确的，很少需要作出判断，其工作成功与否主要看操作者能否用正确的方式忠实执行每个步骤。每次执行近迁移任务，几乎都会在相似的情境中、以基本相同的方式去做。在企业里许多产品的生产或操作过程都是近迁移任务，从复杂的汽车和电脑装配，到简单的快餐店制作包子和馒头，它们都是按照一定的标准模式重复执行的。

　　由于近迁移任务的表面特征（包括图像、声音或者和任务相关的感受）总是基本不变且显而易见的，培训师可以将表面特征整合到课程内容中，利用共同要素原理来助长学员的近迁移能力。

三、助长近迁移能力的技巧

　　利用共同要素原理来助长学员的近迁移能力，就是通过近迁移任务，让学员能够将他们的所学推广到相似的情境中，关键就是要求学员能够辨识出新情境的主要特征和他们所学情境的关键特征之间的相似处。助长近迁移能力主要有以下几种技巧。

　　（1）模仿工作情境。是指在条件允许的情况下，将应用新知能的训练任务尽可能地模仿学员在工作中遇到的实际应用情境，由于这类训练任务的各要素及其表面特征与工作任务相同，因此可助长学员近迁移能力的形成。

　　例如，当学习一个新的工作软件时，如果教学演示和练习都使用与实际应用时相同或者相似的交互界面，就能够包含足够的共同要素，学员在教学过程中掌握了这个工作软件的操作方法，实际工作中使用该软件时就更容易上手。

（2）寻找共同要素。 是指针对应用新知能的训练任务情境，要求学员归纳其关键要素，并围绕各要素的表面特征进行编码，学员在执行实际工作任务时，就可以便捷地找到与学习情境相同或者相似的构成部分、表面特征和本质联系，有共同的基本原理，实现学以致用。

例如，针对"培训需求调查问卷设计"这一训练任务，培训师可以给出一个真实样例，要求学员归纳培训需求调查问卷的构成要素，包括前言、个人基本信息、具体培训需求、专项培训需求和培训过程需求五大模块，再要求学员观察并描述各模块的具体编写要领，学员掌握了这些技能后，设计一个真实的培训需求调查问卷就容易多了。

（3）模型重复练习。 是指培训师提供标准化的模型工具，同时提供不同的背景信息，让学员运用模型工具反复训练，以达到技能目标的要求。如果教学目标就是要求学员忠实地、一成不变地执行某一过程，那么这种教学方式就十分管用。

例如，在初级培训师的师资培训课程中，有教学设计能力训练的启蒙课程，一些培训师就喜欢给出教学设计的表单，让学员（参训培训师）参考样例模板进行编写，对教学设计的入门者而言，可以帮助他们掌握教学设计的相关要点和某些要点的编写格式（如教学目标用动宾结构编写），形成教学设计的基本图式。

（4）练习核心技能。 是指对于内部结构复杂的工作任务，培训师需要在完整的情境中确定部分包含核心技能且具有一定独立性的子任务，将它们分离出来进行单独练习，从点到面，最终实现执行完整的工作任务。

例如，针对"培训需求调查问卷设计"这一训练任务，可以要求学员结合自己的专业背景，围绕具体培训需求或专项培训需求设计若干个调查问题，让他们掌握设计调查问题的具体编写要领，最终掌握"培训需求调查问卷"的设计技能。

（5）提供过程支持。 是指针对复杂的工作任务，学员又是新手时，在教学的初始阶段，需要提供一些外部支持帮助学员完成任务，直到他们能独立完成。

例如，可以针对学员的能力水平，给出相应的提示，随着教学的发展，提示的次数逐步减少，提示的内容也越来越概括、精炼。再比如，当学习一种拥有诸多功能的软件时，可以提供部分功能禁用的模拟系统作为学员的练习界面，该练习界面外观上与真实界面基本一致，只是有一些功能是执行不了的，学员在练习界面上训练部分操作，然后逐步加强练习界面的功能，直到与真实界面的功能一致。

第二节　安排助长远迁移能力的教学活动

一、远迁移任务的含义

从教学的角度，可以把某些工作任务看成是远迁移任务。

远迁移任务是指每次执行时的情境都可能不同，完成有赖于问题解决过程的任务。例如，管理者在和其部下交流互动时，每次很少有共同要素，针对不同的人和不同的事须采用不同的沟通策略，成功的管理者不可能事先就准备一套说辞，然后期望它在所有的情况下都能起到相同的作用。再比如，进行课程教学设计时，培训师会根据课程目标的要求，考虑课程内容性质、学员特征、课程时长以及教学资源等因素，制订具体的教学目标，有针对性地选择工作问题，编排突出问题解决的教学内容顺序，设计适宜的训练任务，适配不同的教学策略，选择合适的教学方法和手段，这也就是我们通常所说的"教有法，但无定法"。对于此类工作任务的培训，首先可传授一些相关原理或者规则，然后再基于这些原理或者规则，根据任务的实际情况构建适时调整的心智模式。

随着经济社会的发展和技术进步，企业的生产经营活动越来越需要那些能够依据变化多样、不可预知的环境自动做出调整的知识型员工，远迁移技能有着越来越重要的地位。

二、助长远迁移能力的机理

与近迁移任务不同，远迁移任务每次执行时的情境都可能不同，任务执行没有固定的套路可循，也没有一成不变的方法。由于迁移是如此地依赖情境，所以在远迁移任务中实现成功的迁移无疑是一个巨大的挑战。

由于远迁移任务的表面特征几乎给不了任何能够提取相关技能的线索，要成功实现远迁移，任务执行者可以尝试将现在面临的问题归到以前解决过的某一类问题当中，查找两个问题解决过程中存在的相似的深层结构（隐藏在表面特征之下的原理和规律），发现两个问题所包含的相似的问题解决成分，找到当下面临问题的解决方法。

我们来看下面两个问题：

问题1：有一位将军，目标是占领一个国家的中心要塞。有很多条路通往要塞，但是都布满了地雷，虽然一组小分队能安全通过这条路，但是大部队就会引爆地雷，这就意味着全面的直接攻击很难实现，你该如何处理这种情况？

问题2：想象你是名医生，面对一位身患胃癌的病人，病情已经到了无法通过手术治疗的阶段，只能接受放射治疗。高强度的射线会破坏人体组织，低强度的射线又对肿瘤起不到治疗作用。你要怎样做才能在不摧毁人体正常组织的情况下，借助放射疗法消灭肿瘤呢？

从表面上看，这两个问题涉及的领域及表面特征似乎没有什么相似之处，然而解决问题采用的原则却是相同的，问题1的解决方法就是把军队分成小组，每个小组从不同的道路行进，然后让他们同时进攻要塞，问题

2 的解决方法是用小剂量的辐射一点点汇聚到肿瘤部位，这两个问题确实有相似的深层结构。

远迁移任务含有一定的问题解决成分，要成功地完成远迁移任务，需要学员依据不断变化的情境中来调整和应用规则。远迁移任务不像近迁移任务那样依赖的是程序化的技能，它训练的是依据多样的境况灵活运用新知能的能力，既需要对原则的理解，又需要在面对具体问题时，有能力判断出这一问题可以利用哪一条原则解决，这需要心智模式作基础。

三、助长远迁移能力的技巧

利用心智模式原理来助长学员的远迁移能力，就是通过远迁移任务，让学员对问题有深入的理解，透过问题的表面特征抓住其本质，找到其方法论，并在变化的情境中适时调整和灵活应用。助长远迁移能力主要有以下几种技巧。

(1) 使用多种情境。是指在教学过程中，提供情境多样的示例和练习，有助于学员能超越情境的限制，将原理和方法运用到不同的领域中。通过主动加工这些表面特征各异的例子，学员在长时记忆中建立了强健而活跃的心智模式，在解决新问题时就可能发生迁移了。对于一些受到课时限制的培训课程，还可以通过课后作业的形式让学员在新的情境中灵活运用新技能，促进心智模式的建立。

例如，在培训管理人员内训时，涉及诸多计划、方案编制的内容，如培训项目策划书、培训项目实施计划、培训教学评估方案、技能竞赛实施方案等。在课程的前段可以给出培训项目策划书的样例，并要求学员分析其内容组成要素（why：项目目标，what：培训内容，who：谁负责培训，whom：培训什么人，when：什么时候培训，where：培训场所及设施，how：培训方式方法）。其后再要求学员编制培训项目实施计划，找出其与培训项目策划书在结构上的相似之处，最后让学员分析判断培训教学评估方案和技能竞赛实施方案的结构框架，最终让学员建立计划方案由"7个W"要素组成的心智模式。

（2）结构功能建模。是指通过讲授"工作机制"等原理性知识，让学员不仅"知其然"，而且"知其所以然"，建立灵活且可以变通的"结构－功能"心智模式，以支持完成远迁移任务。

例如，在同一个工作领域，针对不同的培训对象，其教学目标会有很大的差异。对于某些工作领域的熟练操作岗位的员工而言，他们的工作仅仅是机械地重复，只要求他们知道任务的操作步骤及操作要领即可，对他们的培训主要侧重于简单重复的近迁移能力训练；但对于该工作领域的技术岗位的员工而言，他们在工作中需要排除故障、寻找便捷的方法提高工作效率，他们需要知道"这项操作为什么获得这样的效果，如果换种做法会出现什么情况"，对他们的要求主要是知晓和理解系统的工作原理，对他们的培训更多地侧重于建立其工作领域心智模式的远迁移能力训练。

再如，在培训师能力训练课程中，课程教学设计属远迁移任务，通过表单模板训练仅仅只能让学员（参训培训师）知晓教学设计的基本图式，停留在"知其然"的浅表层次，这显然是远远不够的，学员很难针对种类繁多的课程类型和课程内容开展行之有效的教学设计。要让学员"知其所以然"，就应该让他们掌握目标设定、内容搭建、任务嵌入、策略适配、方法选择、助长迁移等相关设计机理以及将各设计要素有机地融合的应用规则，并要求他们结合自己所在专业领域的课程类型和课程内容进行实战训练，最终实现远迁移能力的生成。

（3）采取归纳教学。是指教学时培训师将需要传授的知识经验事先有针对性地提供一些具体的实例，引导学员抓住现象，从这些现象中抽出其中的本质，总结出问题的一般模型或概括出通适性的结论。学员通过概括归纳相关规则，并将这些规则应用到新的情境中处理问题，可以建立丰富和个性化的心智模式，以支持完成远迁移任务。

例如，在PPT页面设计的课程教学时，一开始就提供一组PPT的页面实例，这组实例包含最差和最好的数个不同等级水平的页面，然后让学员试着选出他们认为最差的和最好的页面，再进行小组讨论评选最差与最优的页面设计，并以此为基础归纳 PPT 优秀页面设计的特点。通过对PPT 页面设计原则的主动分析探究与概括归纳，学员可以建立自己个性化的心智模式，并将这些设计原则灵活运用到自己的 PPT 页面设计当中。

(4) 提供认知辅助。 是指运用一些手段帮助学员从教学中选取适当的信息进行组织，再与长时记忆中的先前知识进行整合，促进信息的深入加工，建立丰富的心智模式，以支持完成远迁移任务。提供认知辅助的主要包括下列手段，即：使用比拟，让学员自己提出问题，让学员解释他们解决问题的每一个步骤，提供合作学习的机会。

以下是提供认知辅助的两个实战案例。

▌ 实例 1："力的三要素与执行力和领导力"

在管理人员能力培训中，涉及两个名词，即执行力和领导力，比较抽象，以下是 T 教授用比拟的手法，借用力的三要素用向学员诠释执行力和领导力。

T 教授：在中学物理中大家都学过的三要素，即方向、大小、作用点。在管理中时常提到的执行力和领导力，我们是否可以借助物理学中力的三要素来理解呢？请大家分析归纳一下。

学员讨论归纳的结果：

执行力的三要素包括方向、能力、沟通，对应物理学中力的方向、大小、作用点，三者相互关联，缺一不可。方向应聚焦上一级领导的指示、团队目标和岗位职责，担当责任，扮演好团队角色和岗位角色；能力是胜任工作、完成任务的必备条件，员工应不断充电，才能应对更高要求的挑战；沟通是指令传递的有效途径，充分做好上下沟通和横向沟通，才能保证政令畅通和团队协作，提高工作效率。

领导力的三要素包括目标、诱导、给予，对应物理学中力的方向、大小、作用点，三者相互关联，缺一不可。没有目标，就没有统一的方向，员工就不知道今天要做什么，也不知道未来会走向何方；没有诱导，就没有统一步调，队伍就会成为一盘散沙，就不会知道为什么要这样做，也不知道如何这样做；没有给予，就没有持久，没有动力，个人利益和期望得不到满足，大家就不会忠诚于你，也不会尽心尽力地做事。

■ 实例2："线路作业危险点分析与控制"

王老师是 T 教授培训师能力训练团队的核心成员。以下是他在给线路班组长进行《线路作业危险点分析与控制》培训时的教学思路。

单元一　通过现象看本质

1. 危险点分析

（1）分组讨论：以"触电"危险点为例，分析各作业环节可能存在的触电原因；

（2）学员归纳得出结论：危险点分析的三个维度（人、物、环境）；

（3）总结提炼：线路作业危险点分析的"工作任务分析法"。

2. 危险点控制

（1）分组讨论：以"触电"危险点为例制订对应安全控制措施；

（2）学员总结归纳危险点控制三个维度（人的行为控制、物的状态控制、环境预测预警）；

（3）总结提炼：线路作业制订安全控制措施的"事故致因机理分析法"；

（4）引导学员总结归纳：危险点控制流程。

单元二　举一反三 解决实际问题

以"停电更换 220kV 线路单串单片绝缘子作业"为例，分析该作业活动全部危险点，并制订相应控制措施。

第三篇 A-PRICE模型实践应用

本篇介绍了 A‐PRICE 模型应用相关技巧，主要包括：教学实施设计实用技巧、教学内容处理实用技巧和技能催化生成实用技巧，提供了运用 A—PRICE 模型进行教学设计的三个线下课程样例和两个线上课程样例。

第十章　A - PRICE 模型应用相关技巧

本章速览

　　本章介绍 A - PRICE 模型应用的相关技巧，一是教学实施设计的实用技巧，实现让具体化的教学设计成果形象化呈现，便于培训师教学实施操作；二是教学内容处理的实用技巧，让教学内容更加鲜活丰满、通俗易懂，便于学员吸收消化；三是技能催化生成的实用技巧，让技能教学更加符合技能形成的规律，便于学员快速生成专业技能。本章将帮助您掌握这些技巧，让课程教学设计更加灵活生动，有助于学员轻松便捷地学习和掌握相关知能，提高教学效率。

第一节　教学实施设计实用技巧

一、教学实施设计的思路与工具

1. 教学实施设计的含义

　　教学实施设计是根据教学目标的要求、结合教学内容和学员特点，按照教学流程步骤，设计具体的教学组织形式，包括排列内容顺序、规划教学活动、选择教学方法、提供手段支撑、分配教学时间等内容，形成符合工作机理和认知规律的课堂教学过程实施方案。

　　教学实施设计是 A - PRICE 模型设计成果的直观化呈现，可供培训师在教学实施过程中参考借鉴和动态优化。

2. 教学实施设计的思路

教学实施设计是将 A-PRICE 模型中的培训课程蓝图具体化，它是按照教学流程，对应每个教学步骤，把课程内容和教法、学法有机结合在一起，提出具体的操作执行方案，确保便捷高效地达成教学目标。教学实施设计可以按照"五线并进、横向关联"的逻辑思路来规划教学组织形式，如图 10-1 所示。

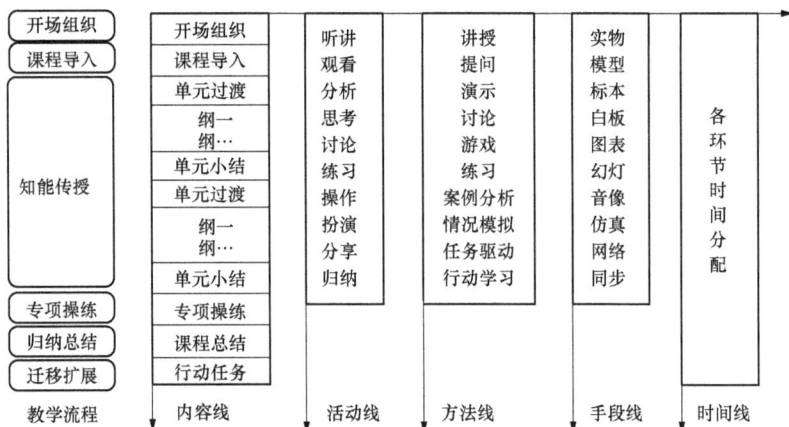

教学流程	内容线	活动线	方法线	手段线	时间线
开场组织	开场组织	听讲	讲授	实物	各环节时间分配
课程导入	课程导入	观看	提问	模型	
	单元过渡	分析	演示	标本	
	纲一纲…	思考	讨论	白板	
	单元小结	讨论	游戏	图表	
知能传授	单元过渡	练习	练习	幻灯	
	纲一纲…	操作	案例分析	音像	
	单元小结	扮演	情况模拟	仿真	
		分享	任务驱动	网络	
		归纳	行动学习	同步	
专项操练	专项操练				
归纳总结	课程总结				
迁移扩展	行动任务				

图 10-1　教学实施设计逻辑思路

五线并进，就是将教学组织的五条线（内容线、活动线、方法线、手段线、时间线）依据教学流程步骤，按照课程教学的时间顺序并行推进。在这五条线中，内容线是核心，所有教学组织都围绕内容线展开。

横向关联，就是针对教学的每个步骤或者某个具体的内容点，规划教学活动、选择教学方法、提供支撑手段、分配教学时间。其中，知能传授环节的教学组织形式是最重要的，它是教学策略的具体落实，是提高教学效率的基本保证。

3. 教学实施设计表单

教学实施设计表单是 A-PRICE 模型设计成果的直观化呈现形式，它充分体现了依据教学流程进行教学实施设计的逻辑思路，具体如表 10 - 1 所示。

表 10 - 1　　　　　　　　××课程教学实施设计表

教学步骤	教学内容与培训师活动	学员活动	教学方法	设备设施	时间分配
开场组织					
课程导入					
知能传授	单元1：				
	单元2：				
	…				
	单元N：				
专项操练					
归纳总结					
迁移扩展					

二、教学实施设计操作要义

1. 开场组织操作要义

开场组织的目的是安定学员情绪，调整学习状态，营造教学氛围。开场组织主要包括培训师自我介绍、学员考勤、学员分组和强调注意事项四个方面的内容。

培训师登台亮相后，要善于运用独特的开场白来活跃气氛，用朴实亲切的语言与学员搭起一座友谊的桥梁，这种良好的教学氛围，既有利于培训师的教，又有利于学员的学。

学员考勤是学员管理的基本要求，目前很多培训机构都装有课堂管理系统，如已进行电子考勤，这个环节可以省略。

如果学员人数在 40 人以内，且需要采取合作学习的形式时，可以考虑采取分组的形式组织教学。分组时，应注意老少搭配、男女搭配。

由于培训课程的特殊性，培训师须根据课程性质和特点，特别强调人身安全、设备安全和信息安全等方面的事项和要求。

开场组织时间不宜太长，不要拖泥带水，完成相关铺垫工作即可。

2. 课程导入操作要义

课程导入的目的是引起学员注意，激发学习动机，提供学习方向，启迪学员思维。课程导入主要包括提出工作问题、激发学习动机、交代教学目标、提供课程概览、说明教学进程五个教学要点。

提出的工作问题应该是来自工作现场的真实问题或者某个具体、复杂的真实任务。提出工作问题时，应尽量把问题与学员的经验联系起来，提出问题时可以采用述事例、析案例、讲法规、展图片和播视频等活动形式进行导入。

提出工作问题后，要向学员指出在教学活动结束后能做或应做的事情，让学员知晓课程学习会给自己带来什么收获，吸引学员的注意力，激发学员认知的内驱力，使学员一上课就能把关注点转移到课堂上来。

学员的兴趣激发起来后，应向学员交代教学目标，让学员知晓课程结束后应该掌握哪些新的知能和测评标准。交代教学目标一般采用以下三种形式：简要描述告知、展示测评样本（如演示技能检测题）、展示任务成果（如展示设备的装配成品实物或图片）。

提供课程概览就是让学员知道即将学习的内容，形成一个总体思路或者框架结构。提供课程概览主要包括以下三方面的内容：提供课程的组成单元及传授顺序；指出各单元与课程的内在关系，强调课程学习的重点和难点；简要说明教学进程，向学员说明学习时间的大致安排。

3. 知能传授操作要义

知能传授的目的是运用合适的教学方法和手段，组织教与学的活动，让学员高效掌握支持问题解决的相关新知能。知能传授以课程单元为单位分步实施，每个课程单元包括单元过渡、单元讲授、单元小结三个教学环节。

单元过渡的作用及形式类似于课程导入，包括提出问题解决事件、激发学习动机、交代单元目标、提供单元概览四个方面的内容。在单元过渡时，提出问题解决事件除了可以采用述事例、析案例、讲法规、示图片和展视频等活动形式进行过渡外，还可采用提疑问、做类比、找关联等活动形式。单元过渡的时间注意不宜太长，一般应控制在 3 分钟以内。

单元讲授按照课程单元中所排列的纲目内容顺序进行讲授，包括精心讲授、示证说明、作业练习和反馈修正四个教学要点。针对课程单元中的每个纲目内容的教学，培训师应将教学内容与训练任务有机融合，清楚自己教的活动，有效组织学员的学习活动，选择适当的教学方法，提供有效的手段支撑，赋予合理的教学时间。单元讲授环节是教学实施设计的主体，也是一堂课成败的关键，其具体的设计技法参照第六章～第九章的内容进行操作。

单元小结是在单元讲授结束后，对课程单元中新知能的应用领域、核心要素、运用要领、注意事项等方面进行总结提炼，强化学员对新知能的理解，帮助学员构建相关的心智模式。单元小结可以采用归类整合、图表呈现、要素对比、抽取词汇等形式进行归纳和提炼。

4. 专项操练操作要义

专项操练的目的是针对一些特别核心的再生性技能，安排一定时间进行专门操作和练习，以提高学员的操作熟练水平。专项操练通常从安排操练任务、提供过程支持、检验操练成果三个环节实施。

专项操练任务安排通常从综合技能的再生性层面来考虑。专项操练任务应与单项训练任务有机搭配，让学员整合和运用训练任务中所学习的相关知能，处理高度复杂的程序或大量的规则。

学员在进行专项操练时，培训师应提供过程支持，主要从以下三个方面进行：一是提供相关示证，把学员的注意力聚焦于困难和危险的行为上；二是对学员在特定步骤的操作行为运用讲解、示范、图片或视频等方式进行按需辅导，保证学员阶段性地掌握相关步骤的操作要领；三是为学员提供及时的矫正性反馈，指出学员出现的错误，解释出现差错的原因，告知纠错的思路和行为。

检验操练成果应与评价标准相对接，从操作的准确性、操作的速度及各操作步骤的时间分配等方面进行检测，让学员参照评价标准重复练习，最终达到教学目标的要求。

5. 归纳总结操作要义

归纳总结的目的是对课程学习的成果进行梳理和提炼升华，帮助学员固化成方法论层面的经验。归纳总结与课程导入这两个环节有很多相似之处，课程导入是让学员定向，激发他们的学习动机，归纳总结是让学员再次定向，激励他们综合和组织刚学到的知能，构建解决工作问题的心智模式。归纳总结通常包括强化目标、统整所得、总结提炼三个教学要点。

强化目标就是让学员知道课程结束时自己已经学到了哪些知能。具体做法是培训师回顾教学目标，让学员说出自己学到了什么。

统整所得就是将刚刚学习的新知能和曾经学习的旧知能进行有意义的汇集整理。其具体做法就是让学员制作一份将过去和现在教学内容联系起来的图表，对新旧知能进行对比，找到其间的联系，对新旧知能进行综合和组织。

总结提炼是对整个课程的新知能从核心要素、操作步骤、技术要领、注意事项和应用延伸等方面进行归纳概括，提炼解决工作问题的方法论。总结提炼应围绕课程的技能目标（或态度目标）开展，其方式方法与单元小结类似。

6. 迁移扩展操作要义

迁移扩展的目的是激励学员学以致用，把刚学到的新知能迁移到更广的工作领域。迁移扩展主要以行动任务的形式来实现。

行动任务就是布置课后作业，让学员将所学的新知能运用到新的情境中，实现学以致用。在设计行动任务时，应考虑学员的能力现状、具备的资源条件、课后的自习时间、学习的考核指标等因素，使任务形式多样、强度适中、分量适当，有效地助长学员的学习迁移。

7. 教学活动编写要义

教学活动是针对不同的课程内容点，根据适配的教学策略和得当的教学方法，配套安排培训师教的活动和学员学的活动。

编写教的活动时，常与教学内容或组织活动联系在一起，采用动宾结构，如讲授欧姆定律、组织学员讨论。常用的活动动词有：讲解、展示、播放、演示、示范、举例、提问、分析、布置、组织、巡视、指导、测试、点评、总结等。

编写学的活动时，宜简单直观，直接用动作描述。常用的活动动词有：听讲、观看、分析、思考、交流、讨论、练习、编制、安装、操作、调试、扮演、分享、归纳等。

8. 方法手段编写要义

教学方法和教学手段的编写宜简单直观，教学方法对应每个单元中的每个"目"列出即可。教学手段对应每个单元的"纲"列出即可，教学手段的描述也可用具体的教学设备设施来代替，这样更为直观，便于培训师课前做好相关准备工作。

9. 教学时间分配要义

进行教学时间分配时，应根据教学内容的难易程度，结合选用的培训方法，松紧有度地合理安排每个具体内容点的用时。对于课程的知能传授和专项操练两个环节，安排的时间一般不得低于课程总时长的80％；对于教学重点内容和技能操作训练内容，安排用时应多一些；当采用讨论法、案例分析法、任务驱动法、情景模拟法等学员参与度高的方法时，安排用时应充分考虑教学活动开展的完整性。

10. 各教学要点编写要义

每个教学步骤都包括一些教学要点，针对以解决工作问题为中心的技能类培训课程，每个教学要点的编写要义如表10-2所示。

表 10-2　　　　　技能类课程的教学要点和操作内容

教学流程	教学要点	操作内容
课程导入	提出问题	提出现实工作问题或工作任务
	激发动机	解决该工作问题或者完成该工作任务有什么结果影响
	交待目标	课程结束时将如何表现该技能
	提供概览	讲解解决问题的要素或完成任务的步骤，其与各单元的关系，强调教学重点和难点，说明知能学习、技能操练和归纳总结等环节的教学进度
知能传授	精心传授	回忆旧知能，传授新知能
	示证说明	示范表现或引导发现各个要素或者步骤，归纳操作要领
	作业练习	练习某个要素分析或步骤操作，分析某个实例的操作过程
	反馈修正	对某个要素分析或步骤操作的正确性与完整性做出反馈
专项操练	综合训练	针对关键的再生性技能，如时间允许，可以考虑安排专项练习
归纳总结	强化目标	学员自述已经学会了如何来表现该技能
	统整所得	对新旧知能进行整理和对比，找到内在联系，重新整合和组织
	总结提炼	围绕技能目标从核心要素、操作步骤、技术要领、注意事项和应用延伸等方面进行总结和提炼
	行动任务	让学员将所学的新知能运用到新的情境中，实现学以致用

三、A - PRICE 模型的变式应用

1. A - PRICE 模型的适用范围

在企业的培训项目中，大部分课程都属于技能类课程，但也有一些课程是例外的，如知识类课程（新员工专业知识普及、政策法规宣贯、新技术推广等）和态度类课程（员工素质提升、爱岗敬业、优质服务等）。

A - PRICE 模型是按照以问题为中心的教学理念而构建的，突出解决工作问题，完成工作任务，最适宜于技能类课程的教学设计，但该模型并不能包罗万象，对于态度类课程，用该模型进行教学设计存在一定的局限性。

对于知识类课程，可以对 A - PRICE 模型做适当的变式调整，也能达到很好的教学效果。

2. 知识类课程知能应用的行为特征

知识类课程可细分为事实类和原理类，这两种类型课程所传授知能，应用到现实工作中的行为特征存在很大差异，其教学目标的定位也明显不同，如表 10 - 3 所示。

表 10 - 3　　不同课程类型知能应用的行为特征及其教学目标

课程类型		知能应用的行为特征	教学目标实例
知识类	事实类	回忆事实； 在具体情境中运用所学事实进行分析判断	能陈述教学组织的相关内容； 能说明某课程教学组织活动可能产生的结果； 能陈述员工工作表现不佳的五个原因； 能结合情景说明应从哪些方面改善员工的工作表现
	原理类	在新的实例中应用原理	能运用学习动机激发原理设计课程导入环节； 能根据变压器的工作原理诊断某种故障原因

3. A - PRICE 模型在事实类课程中的变式调整

事实是对人、事、物可证实的陈述。如：低技能的员工很难胜任上司交办的工作任务；日本空军于 1941 年 12 月 7 日袭击了夏威夷的珍珠港；巧克力含有咖啡因。

事实类课程是指围绕工作中存在的一些客观事实所设置的课程。比如，清洁能源主要包括风能、水能、海洋能、太阳能、生物能、地热能等，在新员工培训时，"清洁能源"就是一门事实类的课程。再比如，员工工作表现不佳的常见原因包括缺乏工作动机、缺乏专业知识和岗位技能、缺乏人际关系能力、缺乏组织支持、缺乏物理支持等，那么"员工工作表现不佳的常见原因"就是一个事实类的课程单元。

对于事实类课程，其教学目标定位是给定学员曾经学过或者看过的一个问题、一张图纸或者照片，要求他们通过表达相关的事实内容来做出反应。具体而言，就是学员可以通过说出事实、写出事实、画出事实和运用事实分析判断来展示他们已经知道该事实的组成要素和先决支持条件。

由于教学内容不同，目标定位不同，事实类课程的教学与技能类课程教学存在一定的差异性，其教学要点和操作内容也不相同，具体如表10-4所示。

表 10 - 4　　　　　事实类课程的教学要点和操作内容

教学流程	教学要点	操作内容
课程导入	提出问题	采用某种形式导出关于（人、事、物）的事实主题
	激发动机	为什么要学习这个事实，知道这个事实有什么结果影响
	交代目标	能够陈述这个事实； 能找出事实在工作中的结果影响或干预措施
	提供概览	说明这个事实能够以什么方式组织其与各单元的关系、强调教学重点和难点，说明知能学习和归纳总结等环节的教学进度

教学流程	教学要点	操作内容
知能传授	精心传授	讲解或探究事实，归纳这个事实的先决支持条件有哪些
	示证说明	示范通过什么方式来回忆这个事实
	作业练习	变换形式（如图片和视频等）简单回忆这个事实（可省略）；找出事实在现实工作中的结果影响或干预措施
	反馈修正	对学员回答的正确性与完整性做出反馈
专项操练	综合训练	不安排
归纳总结	强化目标	不安排
	统整所得	对新旧知识进行整理，找到内在联系，重新综合和组织
	总结提炼	从事实的组成要素、先决支持条件等方面进行总结和提炼
	行动任务	让学员找出所学事实在现实工作中的结果影响或者干预措施

培训实践中，经常会有培训师会把技能类课程当成事实类课程去讲，表面上他们正在教"技能"，但是，如果只要求学员回忆、陈述或者判断技能的操作步骤，他实际上只是在教"事实"，学员也会把它们当作"事实理论"来掌握。在进行教学设计时，一定要注意事实类教学和智力技能类教学的差异性，确保课程的教学实施设计有的放矢。

4. A-PRICE 模型在原理类课程中的变式调整

原理是用来解释不同变量是如何联系的一组陈述。任何一个原理都至少包括两种变量，一种是自变量，就是起着影响作用的变化；另一种是被影响的变量，称为因变量。例如：如果人摄入了过多的热量而难以消耗，就会发胖；有些人的心情随着阳光明媚程度而发生变化；一个人的受信任程度往往与他的诚实度相关。

原理类课程是指围绕工作中存在的某些事物的工作原理所设置的课程。比如，电动机的工作原理、商品的价格与市场需求的关系、无人机巡线航迹规划的原理等就是一门原理类课程或者一个原理类课程单元。

对于原理类课程，其教学目标定位不是局限在学员可以说明原理，而是要求学员在不同的情境下正确运用原理。具体而言，就是学员可以根据原理推测原因，根据原理预测结果，根据原理做出计划或控制方案。

由于教学内容不同，目标定位不同，原理类课程教学与技能类课程教学存在一定的差异性，其教学要点和操作内容也不相同，具体如表10-5所示。

表10-5　　　　　　　　　　原理类课程的教学要点和操作内容

教学流程	教学要点	操作内容
课程导入	提出问题	采用某种形式导出关于某个原理的主题
	激发动机	为什么要学习这个原理，掌握这个原理有什么结果影响
	交代目标	能够运用这个原理进行推测、预测、计划/控制
	提供概览	说明这个原理及其与各单元的关系，强调教学重点和难点，说明知识学习、作业练习和归纳总结等环节的教学进度
知能传授	精心传授	讲解原理，归纳原理的自变量和因变量
	示证说明	提供示例，说明如何将这个原理用于示例中，证明是有效的
	作业练习	在提供的新案例中运用这个原理进行推测（预测、计划）
	反馈修正	对学员运用原理的结果做出反馈
专项操练	综合训练	不安排
归纳总结	强化目标	已经能够运用这个原理，在新案例中进行推测（预测、计划）
	统整所得	不安排
	总结提炼	原理中的自变量、因变量及其关系，该原理的应用延伸
	行动任务	提供新的案例，让学员运用原理进行预测（推测、计划）

在培训实践中，运用原理的地方很多，学员可以通过最后的结果来推断其产生的原因，也可以在特定的条件下做出计划，从而达到想要的结果，类似于"问题解决过程"。培训中经常出现这样的情况，有些培训师

只讲授原理，而忽视了原理应用环节，导致课程的教学实施设计偏向了事实类课程，从而影响培训效果，这个问题必须引起重视和予以修正。

第二节　教学内容处理实用技巧

一、教学呈现感性化

教学呈现感性化，是指培训师可以充分运用感性教学的特点，在教学过程中发挥感染力，让学员在轻松愉快的环境中学习。要使教学呈现感性化，可以从以下三个方面着手。

(1) 感性教学形象化。可以运用多媒体设备提供相关的音频与视频，搭配相关的图表与色彩，向学员提供形式多样、功能各异的感性材料，使学员脑海中形成一幅幅真实的生动画面，使其形象化，增强学员的直观体验。

(2) 感性教学情感化。可以运用故事加演绎、举例或比喻、修辞或名句等方式，让学员在课堂上能够直观感受到课程内容的情感内涵，让课程教学更加直接生动。

(3) 感性教学情景化。可以运用现场模拟、情景再现等课堂活动，让课程内容实景化、具体化，增强学员的情景体验。

以下是教学呈现感性化的两个具体实例。

▌实例 1：　"人是有盲区的"

在给科级干部进行培训时，涉及管理盲区的概念。为了说清楚"人是有盲区的"这个比较抽象的观点，T 教授采用了图片演示的方法进行讲解。

通过演示"犀牛画画"图片（见图 10 - 2），使学员直观认识到观察视角是有盲区的，从而引导学员认识到"人的认识是有盲区的，有时所看到的表象并非真实的情况，管理也是如此。"

图 10-2　犀牛画画

■ 实例2：　"有功功率和无功功率"

电力系统有"有功功率"和"无功功率"，是两个比较抽象难懂的专业概念，尤其是无功功率，更加难说清楚。T教授做了以下的类比：

有功功率是产生能量的，就像米饭一样；无功功率不产生能量，就像水一样；人光吃饭不喝水是不行的，传输"有功"不依靠"无功"也是不行的。

两个复杂难懂的概念，一下子就变得清晰了，并且还把这两个复杂概念之间的关系也解释清楚了。

二、抽象问题具体化

抽象问题通常借助抽象思维来理解，也就是利用概念，借助言语符号来揭露事物的本质和规律性联系，然而这些难懂的术语、符号，会让学员的学习兴趣大打折扣。学员在学习中处理和提取信息时，如果接触的是感兴趣的、看得见、摸得着的东西，会更容易发现、注意和深入加工这些学习材料，联系也更为紧密。

　　抽象问题具体化，是指通过理论联系实际、内容对接现场、观念紧扣企情，用事例、故事、图形等方式通俗地讲解抽象问题，让学员在学习过程中更加直观地理解抽象问题。

　　以下是抽象问题具体化的两个具体实例。

实例 1： 成人学习注意力

　　"成人学习注意力"是一个抽象的问题，用语言讲授比较烦琐。

　　如果先呈现成人学习注意力曲线（见图 10 - 3），并结合图形说明为什么在课堂学习过程中学员经常会出现注意力分散的情况，再来解释"成人学习注意力"就清晰便捷多了。

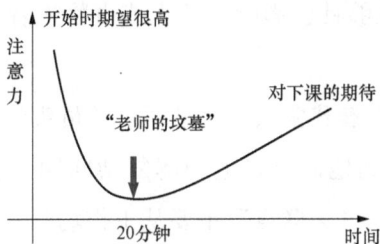

图 10 - 3　成人学习注意力曲线

实例 2： 诚实守信

　　"诚实守信"是员工职业精神培训的主要内容，这是一个抽象概念，直接用定义的方式去讲授，就像在讲大道理，显得空洞乏味。

　　如果用生活与工作中的具体例子来说明，如："一诺千金""电能表校验""做好本职工作""自觉遵守规章制度""线路故障检修保供电"等事例，就会让学员感觉到这与自己的工作、生活息息相关，更容易接受这个观念。

三、复杂问题简单化

员工培训的内容主要包括专业知识、专业技术和专业技能，涉及的问题往往比较复杂和抽象，如复杂的公式、抽象的概念、繁杂的要素等，让人难以快速理解和掌握，学员学习起来比较辛苦和乏味。

复杂问题简单化，是指教学时，培训师应想出相关办法和路径让复杂问题变得通俗简单，学员愿意学习与接受。复杂问题简单化一般可从三个方面来解决。

（1）用"炽热点"牵引思维。就是通过一些"炽热点"引起学员的关注与重视，使得学员可以按照培训师的意愿去理解或接受那个复杂问题。"炽热点"主要从有足够社会影响力的人或事物或者人们熟知的东西中去寻找。

（2）用"关联点"替代复杂。就是通过学员头脑中已经存在的某些通俗简单的替代物，帮助他们更好地理解复杂问题。这个通俗简单的替代物，简称为"关联点"。"关联点"主要从工作场景、工作器物、工作经历和生活常识中去寻找。

（3）用"浅显点"建立联系。就是通过一些"浅显点"建立与复杂问题的逻辑关系，让学员顺着"浅显点"的逻辑思路走进复杂问题。"浅显点"主要从故事、游戏、引导式问题、思路和图示中去寻找。

以下是复杂问题简单化的两个具体实例。

▌实例 1： "行业培训业态——重培轻研忽视销"

T 教授在给企业培训管理人员讲授《企业培训的发展趋势》课程时，涉及企业培训现状的问题，显然这是一个复杂问题，T 教授是这样处理的。

首先通过"2019 年华为芯片备胎转正"这个大事件，引出制造业的

"笑脸曲线"（见图10‑4），强调重视研发和营销服务的重要性。

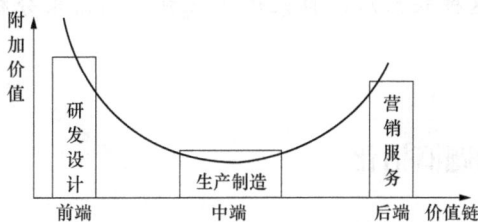

图10‑4　制造业的笑脸曲线

然后依据微笑曲线的逻辑，画出当下企业培训的"哭脸曲线"（见图10‑5），根据"哭脸曲线"推出企业培训的现状是"重培轻研忽视销"的结论。

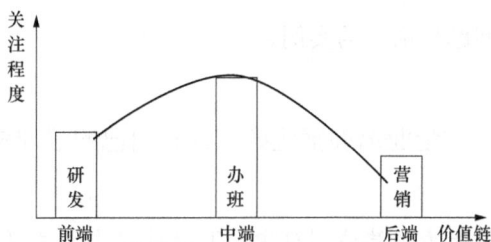

图10‑5　当下企业培训的哭脸曲线

这个示例采取了用"炽热点"牵引思维、用"浅显点"建立联系的技巧，实现了复杂问题简单化。

实例2："用工作场景代替理论概念"

在培训需求分析中，有组织分析、岗位分析和员工分析三种分析方法。为了说明这三种方法复杂的内在联系，T教授采取了用"关联点"来替代复杂问题的技巧。具体为：

寻找培训的工作场景——"企业对培训工作的满意度取决于：领导满意、上司满意和员工满意"，将其作为培训需求分析维度的"关联点"，分别对应组织分析、岗位分析、员工分析。

当学员建立这种联系后，再来说明三种培训需求分析方法的关系时，就变得清晰多了。

四、具体问题概括化

具体问题概括化是指以精要的形式来概括具体问题的内涵、概念、特质、属性或意义，得出一般化及原则化的结论。

具体问题概括化可以帮助学员从具体的工作问题中挖掘经验规律、流程步骤和方法工具，有助于将这些成果应用到类似的工作情境中，实现学习迁移。

以下是具体问题概括化的实例。

■ 实例："企业培训师应如何提升自己的培训技能？"

在企业培训师能力训练培训班中，T 教授提出了这样一个问题：培训师应如何提升自己的培训技能？学员从多个角度进行回答，具体如下：

（1）对培训工作要全身心投入，是提高培训授课能力的前提；

（2）对所上的培训课程有自己的独立思想和理解；

（3）深入基层调查，了解学员的工作、生活情况，提高培训针对性；

（4）多参观一些培训机构，参考同行的经验，学习先进培训理念；

（5）养成观察习惯，注意学员反应，及时调整，营造良好课堂氛围；

（6）专注自己的专业领域，关注培训的前沿信息，不抱残守缺；

（7）多参加名师的培训课程学习，博采众人之所长，为我所用；

（8）练好口头表达基本功，具备良好的口才；

（9）用好手势等肢体语言，强化培训效果；

（10）对于培训内容，要说到位，讲透彻，突出重点，逻辑清晰；

（11）注重个性化表达训练，形成独特培训风格，或风趣幽默，或微言大义，或温文尔雅，或铿锵有力，不断积累，并实践运用；

（12）掌握技能实操诀窍，亲手示范，说一千遍不如带领学员做一遍；

（13）加强课件制作训练，让课件结构完整、脉络分明、清晰完美；

（14）不断反思自我，从专业、教学方法、教学控场等方面总结经验。

T教授引导学员对上述内容从五个方面进行归类和提炼，得出以下结论：

心到——自我定位（对应1、2和14的观点）

眼到——关注观察（对应5和6的观点）

口到——训练讲法（对应8、10和11的观点）

手到——动手操作（对应9、12和13的观点）

脚到——学习交流（对应3、4和7的观点）

第三节　技能催化生成实用技巧

一、分析探究主体化

分析探究主体化，是指在组织教学活动时，有待分析或解决问题的相关结论不是由培训师直接告知学员，而是通过学员自己的思考和探究，归纳总结得出，也就是通常所说的"被发现"的教学方式。

组织"被发现"的教学方式，主要从以下三个方面把控。

（1）分析学员，设计问题。 培训师应对学员的年龄与专业进行充分剖析，判断学员易受影响的程度。通常，年长者比年轻者更不易受外界事物的影响；对专业内较为熟悉的事物，学员的心智模式是很难改变的，相反，对于较为陌生事物，其心智模式则较容易改变。

设计"被发现"的问题时，应注意：问题应对接工作实际，引发学员思考，助推问题解决；问题呈现应充分考虑学员水平，以适中为宜，太难无法激发学员兴趣，太易或类似问题重复过多又会使人感到厌烦，从而引起防御性的反抗。

（2）唤起注意，施加影响。培训师可以从问题的严重性、问题的可能性、做出改变的有效性等方面唤起学员的注意，使他们相信"分析探究的问题"有助于解除工作痛点、改变工作绩效、助推技术进步，让他们乐意并主动参与这种教学活动。

（3）适配策略，优先方法。采用"被发现"的教学方式时，主要采用"引导—发现"和"情境—感悟"两种教学策略，相应地可以选择提问法、小组讨论法、案例分析法、情景模拟法和游戏法等方法，让学员在教学活动中自主地分析、思考、体验、感悟、升华。

以下是分析探究主体化的实例。

■ 实例："反习惯性违章游戏"

在培训师能力训练课程班上，T教授给学员举了一个运用游戏法来转变员工观念（如安全意识）的例子。

游戏一：双手交叉相握

步骤1：将自己的双手十指交叉相握，看看你的左手的大拇指在上面还是右手的大拇指在上面。

步骤2：反过来，重做双手十指交叉相握的游戏，即将原来的右手在上的变成左手在上，左手在上的变成右手在上。

学员感受：学员交换握法后会产生不同的感觉，后一种握法会感觉有点别扭、不自在。

根据学员的感受，培训师归纳：人在日常活动中，不知不觉地形成了一些行为习惯。人做自己习惯的动作，会感觉比较舒服，做自己不习惯的动作，会感觉别扭。

游戏二：你看到了什么

步骤1：展示图10-6，请学员识图。

图10-6 动物图片

步骤2：就以上图片请学员说出看到的动物。多数学员都能看到青蛙，还有少数学员能够看到马。

根据学员做这个游戏的表现，培训师归纳：人在看问题时，会存在思维定式和视角定式，这就是人的思维习惯。

游戏完毕，学员对习惯有了一定的感性认识，接下来培训师与学员一道探究对习惯性违章的理解，具体如下：

（1）中国有句古训叫"江山易改，本性难移"。这句话的含义是指人的本性是很难改变的，习惯性违章要彻底消除，会有一定的困难。

（2）人的本性虽然很难改变，但并非改变不了，改掉习惯性违章的毛病，养成好的工作习惯虽然很难，但只要坚持，就一定能实现目标。

（3）作为管理者，一定要清楚地认识反习惯性违章任务的艰巨性，一定要坚持不懈，持之以恒。

二、肢体实操动觉化

肢体操作技能的形成可分为操作定向、操作模仿、操作整合和操作熟练四个阶段。在进行肢体操作技能培训时，可以从示范讲解、适当练习、有效反馈、建立动觉四个环节进行把控。

肢体实操动觉化，是指根据操作技能形成的阶段及特点，为了确保学员准确地掌握肢体操作技能，在实训的有效反馈和建立动觉这两个环节，应特别注意引导学员体验实操的肢体动作感觉，最终实现肢体操作技能的操作整合和操作熟练。

在有效反馈环节，可从内部反馈和外部反馈两个方面进行。

内部反馈，即操作者通过自身感觉系统提供的感觉反馈。培训师可以引导学员通过自身的视觉、听觉、触觉、动觉等获取反馈信息，提高其对各种肌肉动作的自我调节和控制能力。

外部反馈，即操作者通过自身以外的人和事给予的反馈，培训师可以采用教练点评、学员互评以及运用视频录像等外部信息源对操作者的操作结果及其操作过程提供反馈信息。

给予何种形式的反馈，要视具体情形而定。在学习的初始阶段，外部反馈的作用较大，因为学员尚未建立准确的动觉感受，不能从运动分析中获取必要的内部反馈信息。在学习的中、后期，学员已具有了必要的动觉体验，这时强调内部反馈的作用，矫正错误动作，强化正确动作。

在建立动觉环节，培训师可以采用以下几种方法让学员准确地体验动觉。

一是视觉遮断法，尽量避免视觉的参与，让学员充分体验肌肉运动感觉。

二是分解法，即让学员去练习分解个别动作，通过练习而形成准确的、专门的动觉，这为形成正确而协调的整体动作打下了基础。

三是言语描述法，培训师通过言语讲解，使动作形象明晰化，加强学员对动作的理解；学员本人也可以通过对动作的言语表述，加强对动作的自我监控，充分发挥认知对动作的调节作用。

以下是肢体实操动觉化的实例。

■ 实例："脚扣登杆实训的操作要领"

脚扣登杆实训的操作要领

1. 登杆前的准备（略）

2. 脚扣登杆步骤

（1）左脚向杆上跨扣时，左手应同时向上扶住电杆，当左脚扣在电杆上牢靠后，身体重心逐步移到左脚上；

（2）右脚向上抬起跨扣，右手应同时向上扶住电杆，当右脚扣在电杆上牢靠后，身体重心逐步移到右脚上；

（3）当登杆人员攀登到一定高度时，应检查脚扣扣环的大小，并调整到合适位置；

（4）重复上杆步骤，左右脚交替向上进行，直至杆顶。只有当脚扣可靠地扣住电杆后，方可开始移动身体。

3. 脚扣下杆步骤

（1）下杆时，右脚先向下跨扣，同时右手往下移动扶住电杆，当右脚扣在电杆上牢靠后，重心移到右脚；

（2）左脚往下移动跨扣，同时左手往下扶住电杆，当左脚扣在电杆上牢靠后，重心移到左脚；

（3）重复下杆步骤，直至着地。

4. 登杆注意事项

（1）使用脚扣登杆时，必须将脚扣完全套入电杆踩紧；

（2）上、下杆的每一步，必须使脚扣环可靠地套住电杆，防止脚扣脱落；

（3）登杆和下杆时，要注意手脚用力的时机和重心移动的时机；

（4）登杆和下杆时，双手和双脚的配合要协调；

（5）登杆过程中，要注意周围环境，做到上下、左右兼顾。

5. 安全注意事项（略）

三、智力实操声像化

智力技能与肢体操作技能不同，是靠内部语言及词的作用在"心里"进行的。智力技能的形成过程包括三个阶段，即原型定向、原型操作和原型内化。

原型定向，就是使学员了解智力活动的"原样"，即"外化"或"物质化"了的智力活动方式或操作活动程序。原型操作，就是依据智力技能的实践模式，把学员在头脑中应建立起来的活动程序计划，借助于实物模型、图片、示意图、动作等，以外显的操作方式付诸执行。原型内化，就是动作离开原型中的物质客体与外观形式而转向头脑内部，借助于言语作用于观念性对象，转化为心理结构内容。

智力实操声像化，是指根据智力实操技能形成的阶段和特点，为了确保学员准确地掌握智力实操技能，首先要帮助学员建立动觉映像，再通过出声的外部言语和不出声的内部言语描述，帮助学员实现专项智力技能的原型内化。

在进行智力实操技能训练时，可以从讲解示范、物化呈现、分步练习、说想递进、多重训练五个环节进行把控，具体如下：

（1）讲解示范。 培训师讲解时应注意让学员正确完整地了解所训练课题的智力活动全过程，让学员对智力活动方式有概括性的了解。为了强化学员的感性认识，培训师应向学员提供良好的实践范式，供学员参考。

（2）物化呈现。为了使动作在其头脑中得到反映，从而在感性上获得完备的动觉映像，培训师可以借助实物模型、图片、示意图、动作等最直观有效的手段，以外显的操作方式让学员付诸执行。如进行教学设计能力训练时，使用教学整体设计表和教学实施设计表对学员获得教学设计的动觉映像帮助极大。

（3）分步练习。在教学过程中，培训师应给学员提供从物质化活动阶段到出声的外部言语阶段的分步练习条件，使学员在练习中能按模式将智力活动的程序展现出来，并从展开的形式逐渐转向概括化。

（4）说想递进。智力技能训练后期应注意：动作的执行应遵循由出声的外部言语到不出声的外部言语，再到内部言语的顺序，不能颠倒；最初的操作活动应在言语水平上完全展开，即用出声或不出声的外部言语完整地描述原型的操作过程，然后再逐步缩减；调整动作对象，使活动方式得到进一步概括，以便广泛适用于同类课题。

（5）多重训练。为了让专业智力技能最终达到熟练和灵活掌握的水平，学员还应经常有自我练习的机会，比如培训师的课程教学设计专项技能，不可能在培训课堂上就会得到明显提升，更需要在日常培训工作中反复磨炼，方可修成正果。

以下是智力实操声像化的实例。

▍实例：“课程整体教学设计能力训练”

课程教学设计能力是培训师的核心智力技能，以下是 T 教授指导入门培训师进行课程整体教学设计时的分解动作，如表 10 - 6 所示。

表 10 - 6　　　　课程整体教学设计能力训练分解动作

阶段	动作	
	培训师	学员
原型定向	1. 讲解教学设计作用； 2. 提供两张教学整体设计和教学实施设计表格，讲解教学设计的机理； 3. 讲解教学要素分析的要领； 4. 讲解整体设计的概括程序； 5. 讲解确定教学目标、编排课程内容、设计训练任务、适配教学策略的相关技术要领； 6. 请学员复述动作要领，检查原型定向的学习成效	1. 确定一门拟上的课程进行教学设计； 2. 自我陈述依据教学要素分析的动作结构（从课程性质、学员特征、培训时长、资源状况等信息，延伸推断教学设计的关联点，如可能采用的教学情景、教学策略甚至培训方法和手段等），形成程序映像； 3. 陈述确定课程目标、编排课程内容、设计训练任务、适配教学策略的动作结构和技术要领； 4. 陈述确定课程目标、编排课程内容、设计训练任务、适配教学策略的动作程序，并形成程序映像； 5. 成果分享
原型操作	1. 提供教学整体设计参考模板； 2. 要求学员完成拟上课程的教学整体设计； 3. 巡视检查，发现问题，及时纠错； 4. 要求学员变更拟上课程，重新进行教学整体设计； 5. 要求学员在抽象归纳上下功夫，并找到一些规律	1. 依据教学设计的技术要领和流程顺序，在教学整体设计表中进行拟上课程的设计，不能有任何遗漏或缺失； 2. 边说边做或边做边说，并抽象归纳，把教学整体设计的所有动作系列，一个个地分别按照一定的顺序做出，形成操作活动的表象； 3. 独自查验，纠正差错； 4. 变更拟上课程，重复上述设计作业

阶段	动作	
	培训师	学员
原型内化	1. 组织学员整理归纳教学整体设计动作执行口诀； 2. 要求学员再变更拟上课程，重新进行教学整体设计，强调一定要运用口诀； 3. 检查诱导，强调抽象与动作关联； 4. 布置行动任务，要求在今后的教学设计实践中由口诀逐步转向内部言语；并与教学实施设计合二为一，两张表中的任务在大脑中可以关联，可以跳跃思维； 5. 最终要求学员脱离两张表格独立进行设计	1. 归纳教学整体设计动作执行的外部语言，即： 研究项目—分析要素 针对需求—设定目标 围绕目标—选择问题 对接工作—排列内容 依据内容—设定任务 围绕任务—适配策略； 2. 运用口诀进行新拟课程的整体设计； 3. 独自查验，感受设计动作之间的关联性； 4. 在培训教学实战中不再用口诀而用内部言语进行设计，与教学实施设计合二为一，两张表中的任务在大脑中能够进行跳跃思维； 5. 实现不需要表格即可进行教学设计

第十一章　教学设计实战样例

本章速览

本章是教学设计 A—PRICE 模型在培训课程教学时的实战应用，提供了三个线下课程和两个线上课程的实战样例，帮助您运用模型进行模仿训练。

第一节　线下课程教学设计样例

一、《输电线路现场冰情观测与汇报》 课程教学设计样例

为提升送电线路工岗位技能和业务素质，某省电力公司决定于2019 年12 月 2 日～4 日对送电线路工在公司技术技能培训中心举办一期为期 3 天的送电线路高级工线路除冰技能培训班，培训人数为 30 人。在培训班课程设置中有一门 2 学时的"输电线路现场冰情观测与汇报"课程，时间安排在 12 月 3 日上午 8 点～10 点，地点安排在公司技术技能培训中心输电线路技能实训场。

培训师小阳根据培训课程大纲要求，对该课程进行了教学设计，设计成果见表 11-1 和表 11-2。

表 11-1　《输电线路现场冰情观测与汇报》课程教学整体设计表

培训师		小阳	审核	
培训 项目	项目名称	送电线路高级工技能培训		
	开发背景	省内经常要对线路进行除冰作业		

续表

培训师		小阳	审核	
培训项目	实施目的	提升送电线路工岗位技能和业务素质		
	课程定位	线路除冰的基础工作		
学员特征	学员结构	30人		
	能力水平	送电线路高级工		
培训资源	培训环境	省公司技术技能培训中心		
	设备条件	多媒体、投影仪、电子教鞭、白板、温度计、湿度计、测风仪、卷尺、杆秤		
培训课程	课程名称	输电线路现场冰情观测与汇报		

	教学课时	2	上课时间	2019 年 12 月 3 日 8：00～10：00	上课地点	输电线路技能实训场

培训课程	教学目标	知识目标	1. 正确简述影响输电线路覆冰的因素； 2. 正确描述输电线路现场冰情观测的方法和要点； 3. 正确简述输电线路现场冰情汇报的内容和流程	
		技能目标	1. 能在输电线路覆冰现场准确观测冰情； 2. 能根据现场观测结果规范汇报冰情	
		态度目标	1. 重视安全生产； 2. 遵守作业规范	
	工作问题	输电线路覆冰现场的冰情如何观测与汇报		

课程单元	训练任务	教学策略
1. 影响输电线路覆冰的因素		讲解—接受
2. 输电线路现场冰情观察	1. 观察输电线路现场冰情	引导—发现
3. 输电线路现场冰情测量	2. 测量输电线路现场冰情	引导—发现
4. 输电线路现场冰情汇报	3. 汇报给定线路覆冰现场的冰情	情境—感悟

教学重点	输电线路覆冰现场观测内容； 输电线路覆冰现场汇报内容
教学难点	称重法测量冰层厚度

表 11 - 2　《输电线路现场冰情观测与汇报》课程教学实施设计表

教学步骤	教学内容与培训师活动	学员活动	教学方法	教学设备	时间（分钟）
开场组织	1. 培训师自我介绍，考勤，分组； 2. 交代人身、设备、信息安全等注意事项	分组听讲	讲授法	多媒体	2
课程导入	1. 以《某输电线路冰情汇报》情景视频案例，引出课程主题，强调在工作中的重要性； 2. 交代课程目标； 3. 介绍课程内容，强调教学重点和难点； 4. 说明教学进程	观看思考听讲	讲授法演示法	多媒体投影仪	3
知能传授	一、影响输电线路覆冰的因素 1. 提问：在何种气象情况下，线路可能发生覆冰？影响输电线路覆冰的因素有哪些？ 2. 引导学员思考并陈述观点； 3. 引导学员总结归纳影响输电线路覆冰的因素： 天气：覆冰通常发生在雾、雨、雪的天气 气温：覆冰通常发生在气温为$-5\sim0$℃的环境 湿度：覆冰通常发生在大气湿度为80%及以上的情况下 风速：覆冰通常发生在风速为$1\sim6m/s$的情况下	思考回答陈述分享总结归纳	提问法讲授法	多媒体投影仪温度计湿度计测风仪	8

续表

教学步骤	教学内容与培训师活动	学员活动	教学方法	教学设备	时间（分钟）
知能传授	二、输电线路现场冰情观察 （训练任务1：观察输电线路现场冰情） 1. 观看视频《线路不同类型覆冰现场》，讨论视频中两种覆冰类型有何不同特点？ 2. 小组分析讨论； 3. 小组派出代表陈述观点； 4. 引导学员总结归纳不同覆冰类型的特点： 雾凇：发生在较高海拔地区，结构疏松，易于脱落，密度最小，危害最小； 混合凇：发生在中等海拔地区，结构中等，附着力中等，密度中等，危害中等； 雨凇：发生在较低海拔地区，结构紧密，附着力强，密度最大，危害最大。 5. 引导学员总结归纳杆塔上的覆冰部位： 导地线：观察覆冰厚度、类型以及弧垂异常； 绝缘子：观察是否偏移，导地线碰触风险；观察是否桥接，绝缘子冰闪风险； 金具塔材：金具滑移，存在导地线碰线风险；塔材覆冰，辅助观察	观察思考 分析讨论 陈述分享 总结归纳	演示法 案例分析法 讲授法	多媒体投影仪	20
	三、输电线路现场冰情测量 1. 视频演示量取法的操作； 2. 引导学员总结归纳量取法的方法和要领： 量取拉线、模拟线等参照物，选点，用钢卷尺量其垂直方向（d_1）、水平方向（d_2）及斜向（d_3），计算平均厚度；				

教学步骤	教学内容与培训师活动	学员活动	教学方法	教学设备	时间（分钟）
知能传授	$$b = \dfrac{\dfrac{d_1 + d_2 + d_3}{3} - D}{2}$$ 3. 视频演示称重法的操作； 4. 引导学员总结归纳称重法的方法和要领：钢卷尺测量取样冰长、杆秤称取样冰重，计算标准冰厚： $$b = \frac{1}{2}\left(\sqrt{1414. G + d^2} - d\right)$$ 5. 提问：对比量取法、称重法的特点？ 6. 引导学员思考并陈述观点； 7. 引导学员总结归纳量取法、称重法的特点： 　量取法：简便、直观；不适用于雾凇、混合凇测量，偏差较大，一般用作估算测量； 　称重法：偏差较小，准确测量，广泛使用；但操作、计算相对复杂。 （训练任务2：测量输电线路现场冰情） 8. 练习：分别用量取法、称重法测量模拟冰层厚度	观察思考 总结归纳 思考回答 陈述分享 总结归纳 练习应用	演示法 提问法 讲授法 练习法	多媒体 投影仪 钢卷尺 杆秤	24
	四、输电线路现场冰情汇报 （训练任务3：汇报给定线路覆冰现场的冰情） 1. 情景模拟任务：根据某给定输电线路覆冰现场观测的结果，由学员推荐2位成员分别扮演观冰人员、值班室人员2个角色，模拟某给定输电线路覆冰现场的冰情汇报工作。各小组对模拟汇情况进行纠正、补充和评价。				

教学步骤	教学内容与培训师活动	学员活动	教学方法	教学设备	时间（分钟）
知能传授	2. 两位学员模拟演绎，其他学员观察记录； 3. 小组分析讨论； 4. 小组派出代表陈述观点； 5. 引导学员总结归纳冰情汇报内容： 4个气象因素：天气、气温、湿度、风速； 3种覆冰类型：雾凇、混合凇、雨凇； 3类覆冰部位：导地线、绝缘子串、金具塔材； 2种测量方法：量取法、称重法。 6. 引导学员总结归纳冰情汇报流程： 确认身份－汇报冰情－操作申请－反馈告知	模拟演绎 参与体验 观察记录 分析讨论 陈述分享 总结归纳	情景模拟法 讲授法	多媒体投影仪	28
专项操练	无				
归纳总结	观测内容（4－3－3－2）： 气象条件（4个因素），覆冰类型（3种类型）， 覆冰部位（3类部位），测量冰厚（2种方法） 汇报流程（4个步骤）： 确认身份－汇报冰情－操作申请－反馈告知				4
行动任务	请按照本课程所学习到的规范化流程，结合学员手册提供的相关资料，分小组模拟输电线路现场冰情汇报工作				1

二、《无人机自主精细化巡检——航迹规划》 课程教学设计样例

为提升无人机巡检工岗位技能和业务素质，某省电力公司决定于2021年11月14日～16日对无人机巡检工在公司技术技能培训中心举办一期为

期 3 天的无人机巡线技能培训班，参加培训的人数为 30 人。在培训班课程设置中有一门 2 学时的"无人机自主精细化巡检——航迹规划"课程，时间安排在 11 月 15 日上午 8 点～10 点，地点安排在公司技术技能培训中心智慧教室。

　　培训师小李根据培训课程大纲要求，对该课程进行了教学设计，设计成果见表 11-3 和表 11-4。

表 11-3　《无人机自主精细化巡检——航迹规划》课程教学整体设计表

培训师		小李		审核	
培训项目	项目名称	无人机巡检技工技能培训			
	开发背景	输电线路无人机自主巡检越来越多地代替传统手动控制无人机巡检			
	实施目的	提升无人机巡检工技能和业务素质			
	课程定位	无人机巡检的进阶技能			
学员特征	学员结构	30 人			
	能力水平	无人机巡检中级工			
培训资源	培训环境	省公司技术技能培训中心			
	设备条件	三维建模软件、航迹编辑软件、铁塔挂图、一体机、电子教鞭、白板等			
培训课程	课程名称	无人机自主精细化巡检——航迹规划			
	教学课时	2	上课时间	2021 年 11 月 15 日 8：00～10：00	上课地点	技培中心智慧教室
	教学目标	知识目标	1. 能描述航迹规划的概念和步骤；2. 能简述三维建模及编辑航线的流程及注意事项		
		技能目标	1. 能够采集并处理点云数据，创建输电线路三维模型；2. 能够编辑自主精细化巡检航迹；3. 能够利用软件检测航迹的安全性		
		态度目标	1. 具有安全生产意识；2. 具有作业规范意识		
	工作问题	如何完成输电线路无人机自主精细化巡检航迹规划			

续表

培训师		小李		审核	
培训课程	教学顺序	课程单元		训练任务	教学策略
		1. 航迹规划的概念及步骤		无	讲解—接受
		2. 基于点云数据创建三维模型		1. 归纳创建输电线路三维模型的步骤及操作要领	引导—发现
		3. 根据巡检要求编辑航线		2. 在三维模型上标记出所有拍摄点	引导—发现
		4. 利用软件验证、修改航迹		无	讲解—接受
		5. 航迹规划实操训练		3. 运用软件，进行自主精细化巡检航迹规划实操训练	情景—感悟
	教学重点	1. 创建输电线路三维模型； 2. 编辑无人机自主精细化巡检航线； 3. 航迹规划实操训练			
	教学难点	1. 确定无人机拍摄方向及调整无人机视角； 2. 调整无人机飞行顺序			

表 11-4　《无人机自主精细化巡检——航迹规划》课程教学实施设计表

教学步骤	教学内容与培训师活动	学员活动	教学方法	教学设备	时间（分钟）
开场组织	1. 培训师自我介绍，考勤，分组； 2. 交代人身、设备、信息安全等注意事项	听讲	讲授法	多媒体	1
课程导入	1. 以《某无人机作业现场坠机》情景视频案例，引出课程主题，强调无人机自主巡检在实际工作中的重要性； 2. 交代课程目标； 3. 介绍课程内容，强调教学重点和难点； 4. 说明教学进程	观看思考听讲	讲授法	多媒体投影仪案例视频	2

续表

教学步骤	教学内容与培训师活动	学员活动	教学方法	教学设备	时间（分钟）
知能传授	一、航迹规划的概念及步骤 （一）对比航迹规划视频，讲授航迹规划概念。 作业人员基于激光点云数据创建三维模型，依据工作任务，利用专业的航线规划软件，在三维模型上编辑无人机飞行路径，确保无人机能够实现自主精细化巡检。 （二）对照航迹规划概念，引出航迹规划步骤： 1. 提问：知道了航迹规划的概念，航迹规划具体要如何实施？ 2. 引导学员思考并陈述观点； 3. 总结归纳出航迹规划的步骤： 基于点云数据创建三维模型→根据巡检要求编辑航线→利用软件验证修改航迹	听讲思考回答	讲授法提问法	多媒体投影仪视频	4
	二、基于点云数据创建三维模型 （训练任务1：归纳创建输电线路三维模型的步骤及操作要领） （一）创建三维模型的概念 1. 引入本次课程总任务：完成某±800kV线路直线塔航迹规划任务； 2. 通过PPT动画演示，讲述基于点云数据的三维模型概念。 （二）创建三维模型的步骤 1. 提问：请根据三维建模的概念，思考三维建模的步骤。 2. 引导学员得出三维建模的步骤： 采集点云数据→处理点云数据。	听讲观察思考回答陈述分享总结归纳	讲授法演示法提问法讨论法	多媒体投影仪三维建模软件视频	17

续表

教学步骤	教学内容与培训师活动	学员活动	教学方法	教学设备	时间（分钟）
知能传授	（三）点云数据采集 1. 讲述采集点云的核心原理——激光雷达扫描系统； 2. 提问：点云数据采集过程中的注意事项有哪些？ 3. 小组分析讨论，学员代表陈述观点； 4. 点评学员回答情况，总结点云数据采集的注意事项： （1）特别强调，RTK 信号稳定可靠； （2）无人机飞行高度合适； （3）无人机飞行姿态稳定； （4）无人机飞行速度不宜过快； （5）在大风、雾天、雨天，不要作业。 （四）点云数据处理 1. 打开三维建模软件，演示点云数据处理流程，创建出输电线路三维模型； 2. 总结点云数据处理流程： 载入点云数据→档段划分→抽稀除噪→自动粗分→手动精分	听讲 观察思考 回答 陈述分享 总结归纳	讲授法 演示法 提问法 讨论法	多媒体 投影仪 三维建模软件 视频	17
	三、根据巡检要求编辑航线 （一）编辑航线流程 1. 提问：如何利用航迹编辑软件，在三维模型上编辑航迹？ 2. 引导学员得到航迹编辑的步骤： 确定拍摄内容→确定拍摄方向→调整无人机视角→调整飞行顺序→优化飞行轨迹。 （二）确定拍摄内容	听讲 观察思考 分析判断 练习 分享 总结	讲授法 演示法 提问法 练习法	航迹编辑软件 多媒体 投影仪 铁塔挂图 图片	21

教学步骤	教学内容与培训师活动	学员活动	教学方法	教学设备	时间（分钟）
知能传授	（训练任务2：在三维模型上标记出所有拍摄点） 1. 提问：日常进行精细化巡检时，拍摄的内容包括哪些？ 2. 以小组为单位，在铁塔挂图上标记出精细化巡检拍摄内容，并邀请一名学员上台分享标记依据。 3. 根据规程规范，给出拍摄内容规定，对照表格对各组学员的练习情况进行点评。 4. 布置任务：以小组为单位，在三维模型上标记出所有拍摄点。 5. 对各组学员练习情况进行点评。 （三）确定拍摄方向 1. 提问：拍摄方向应如何确定？ 2. 引导学员思考，确定无人机拍摄方向的依据： 无人机应能够拍清螺栓、销钉缺陷，因此选取拍摄方向时，应能拍清楚螺栓、销钉情况。 3. 引出相关验收规程，给出螺栓穿向的规定，对照图片以及规程，确定顺线路方向及横线路方向挂点的拍摄方向。 4. 课堂演示，在航迹规划软件中，调整对应拍摄点的拍摄方向。 （四）调整无人机视角 1. 列出规程中关于绝缘子串的拍摄要求，给出范例图片，提问：图片中绝缘子串拍摄质量是否符合要求？	听讲 观察思考 分析判断 练习 分享 总结	讲授法 演示法 提问法 练习法	航迹编辑软件 多媒体投影仪 铁塔挂图 图片	21

教学步骤	教学内容与培训师活动	学员活动	教学方法	教学设备	时间（分钟）
知能传授	2. 对照规程，对范例图片中绝缘子串拍摄质量进行判定。 　3. 课堂演示，在软件中调整绝缘子串拍摄点的无人机视角。 　4. 列出规程中关于绝缘子串两端挂点的拍摄要求，给出范例图片，提问：图片中绝缘子串两端挂点拍摄质量是否符合要求？ 　5. 对照规程，对范例图片中绝缘子串两端挂点拍摄质量进行判定。 　6. 课堂演示，在软件中调整绝缘子串两端挂点拍摄点的无人机视角。 　7. 列出规程中关于地线挂点的拍摄要求，给出范例图片，提问：图片中地线挂点拍摄质量是否符合要求？ 　8. 对照规程，对范例图片中地线挂点拍摄质量进行判定。 　9. 课堂演示，在软件中调整地线挂点拍摄点的无人机视角。 　（五）调整飞行顺序 　1. 在软件中生成航迹，提问：此时航迹较乱，既不安全也不高效，要如何解决这一问题？ 　2. 利用铁塔实拍图，规定出这基铁塔的拍摄顺序：从上到下，从左到右。按规定顺序将航拍点连接起来，形成航线。 　3. 课堂演示，在航迹规划软件中，调整无人机拍摄顺序。	听讲 观察思考 分析判断 练习 分享 总结	讲授法 演示法 提问法 练习法	航迹编辑软件 多媒体 投影仪 铁塔 挂图 图片	21

教学步骤	教学内容与培训师活动	学员活动	教学方法	教学设备	时间（分钟）
	（六）优化飞行轨迹 1. 在航线编辑软件中，点击"实时检测航线安全"按钮，出现部分航线为红色，航线为红色代表其可能会碰撞障碍物。 2. 提问：无人机在空中飞行时的飞行路径是什么？ 3. 引导学员思考，得出结论：为使无人机避开障碍物，可以通过绕飞第三点的方式，通过飞折线躲避开障碍物。在软件中的方法是在航线上添加辅助点。 4. 现场演示，在航迹规划软件中，通过添加辅助点的方式，优化无人机飞行轨迹	听讲 观察思考 分析判断 练习 分享 总结	讲授法 演示法 提问法 练习法	航迹编辑软件 多媒体 投影仪 铁塔 挂图 图片	21
知能传授	四、利用软件验证、修改航迹 （一）软件检测 1. 提问：明明在软件中，无人机没有触碰障碍物，为什么还要对航迹进行验证？ 2. 引导学员思考，得出答案：航迹验证主要为了验证航迹是否满足安全距离的要求，确保航迹在现场飞行时安全； 3. 现场演示，在航迹规划软件中，输入安全距离，验证航迹的安全性。 （二）现场验证 编辑好的航迹加载到无人机中，无人机飞手在作业现场对航迹的安全性和有效性进行验证	听讲 思考观察 回答 总结	讲授法 提问法 演示法	航迹编辑软件 多媒体 投影仪	4

续表

教学步骤	教学内容与培训师活动	学员活动	教学方法	教学设备	时间（分钟）
专项操练	五、航迹规划实操训练 （训练任务 3：运用软件，进行自主精细化巡检航迹规划实操训练） 1. 布置任务：给出某±800kV线路一个耐张段点云数据，请学员们按照本课程所学习到的规范化流程，分小组完成其中一基耐张塔自主精细化巡检航迹规划； 2. 小组研讨完成任务，教师巡回指导； 3. 对学员任务完成情况进行点评，针对巡回指导中出现的共性问题进行讲解； 4. 引导学员总结归纳无人机自主巡检航迹规划流程： 基于点云数据创建三维模型→根据巡检要求编航线→利用软件验证、修改航迹	听讲观察分析讨论练习总结归纳	任务驱动法	三维模型航迹编辑软件	37
归纳总结					3
行动任务	请按照本课程所学习到的规范化流程，结合学员手册提供的相关资料，规划出某 1000kV 双回路线路耐张塔无人机自主精细化巡检航迹				1

■ 三、《变电设备红外精确诊断》课程教学设计样例

为提升变电运维工岗位技能和业务素质，某省电力公司决定于2021年11月15日～17日对变电运维在公司技术技能培训中心举办一期为期3天的变电运维高级工变电站巡视技能培训班，参加培训的人数为30人。在培训班课程设置中有一门2学时的"变电设备红外精确诊断"课程，时间安排在11月16日上午8点～10点，地点安排在公司技术技能培训中心智慧教室。

培训师小杨根据培训课程大纲要求，对该课程进行了教学设计，设计成果见表11-5和表11-6。

表11-5　　《变电设备红外精确诊断》课程教学整体设计表

培训师		小杨		审核	
培训项目	项目名称	变电运维高级工技能培训			
	开发背景	变电站巡视是变电运维人员作为"全科医生"必须掌握的一项技能			
	实施目的	提升变电运维人员岗位技能和业务素质			
	课程定位	变电站运维基础项目			
学员特征	学员结构	30人			
	能力水平	变电运维高级工			
培训资源	培训环境	省公司技术技能培训中心			
	设备条件	红外热像仪、温湿度计、激光测距仪、风速仪、图谱分析软件、投影仪、多媒体一体机、电子教鞭、话筒等			
培训课程	课程名称	变电设备红外精确诊断			
	教学课时	2	上课时间	2021年11月16日 8：00～10：00	上课地点	技培中心智慧教室
	教学目标	知识目标	1. 能简述影响红外精确测温诊断的概念和工作内容； 2. 能描述红外精确测温的步骤； 3. 能说明红外测温图谱的分析方法		

续表

培训师		小杨		审核	
教学目标	技能目标	1. 能正确完成变电站各类设备的红外精确测温； 2. 能根据测温图谱诊断设备缺陷			
	态度目标	1. 具有安全生产意识； 2. 具有作业规范意识			
	工作问题	如何进行变电设备红外精确诊断			
培训课程	教学顺序	课程单元	训练任务		教学策略
		1. 变电设备红外精确诊断概述	无		讲解—接受
		2. 变电设备红外精确测温现场操作	1. 归纳拍摄变电站各类设备的红外精确测温图谱的流程及操作要领		讲解—接受 引导—发现
		3. 变电设备红外图谱分析与缺陷诊断	2. 分析诊断 110kV 电压互感器红外图谱		引导—发现
		4. 变电设备红外精确诊断实操训练	3. 对某给定变电站设备红外测温的结果，完成红外测温分析报告		情境—感悟
	教学重点	1. 变电设备红外精确测温图谱分析； 2. 变电设备红外精确诊断实操训练			
	教学难点	电压致热型缺陷红外图谱分析			

表 11-6 《变电设备红外精确诊断》课程教学实施设计表

教学步骤	教学内容与培训师活动	学员活动	教学方法	教学设备	时间（分钟）
开场组织	1. 培训师自我介绍，考勤，分组； 2. 交代人身、设备、信息安全等注意事项	分组听讲	讲授法	多媒体	2

续表

教学步骤	教学内容与培训师活动	学员活动	教学方法	教学设备	时间（分钟）
课程导入	1. 通过分析事故案例说明红外精确诊断的作用引出工作问题和课程主题； 2. 交代课程目标； 3. 介绍课程内容，强调教学重点和难点； 4. 说明教学进程	观察思考听讲	讲授法	多媒体投影仪图片	3
知能传授	一、变电设备红外精确诊断概述 （一）红外精确测温诊断的概念 1. 讲解：精确检测是指通过检测电压致热型和部分电流致热型设备的表面温度分布发现内部缺陷，对设备故障作精确判断，也称诊断性检测。 2. 提问：一般检测发现的缺陷是哪些什么原因导致的？ 3. 学员思考回答； 4. 引导学员得出精确检测针对的缺陷类型以及主要的检测部位。 （二）红外精确诊断工作内容 1. 提问：一般检测工作是怎么进行的？ 2. 引导学员思考回答； 3. 引导学员归纳得出精确检测的工作内容为： 红外图谱现场拍摄；图谱分析缺陷诊断	听讲思考分析回答归纳总结	讲授法提问法	多媒体投影仪图片	7
	二、变电设备红外精确测温现场操作 （训练任务1：归纳拍摄变电站各类设备的红外精确测温图谱的流程及操作要领）				

教学步骤	教学内容与培训师活动	学员活动	教学方法	教学设备	时间（分钟）
知能传授	（一）红外精确测温流程 讲授：红外精确测温流程 环境分析→人员准备→器具准备→参数设置→现场拍摄→保存图像→清理现场 （二）环境分析的要求 1. 展示案例； 2. 引导学员思考分析； 3. 引导学员总结归纳环境要求：天气、负荷及通电时间、干扰源。 （三）人员准备的要求 1. 引导学员思考分析人员要求； 2. 总结归纳作业人员要求： 人员素质要求：熟悉技能、了解设备、掌握规程 安全作业要求：培训合格、至少两人。 （四）器具准备的要求 1. 引导学员思考分析精确测温所需工器具； 2. 自制视频演示工器具检查方法及要求。 （五）参数设置的要求 1. 提问：一般测温红外热像仪参数是如何设置的？ 2. 引导学员思考回答； 3. 引导学员得出红外精确测温仪器参数的要点： 根据被测品材质设置不同辐射率、根据现场环境设置温湿度和拍摄距离。	听讲 观察分析 思考 陈述 归纳总结	讲授法 演示法 提问法	多媒体投影仪 视频图片	14

教学步骤	教学内容与培训师活动	学员活动	教学方法	教学设备	时间（分钟）
知能传授	（六）现场拍摄的要求 1. 自制视频演示红外精确测温现场拍摄； 2. 引导学员归纳总结精确测温现场拍摄要求： 所有设备定点定位拍摄、设置测温区域、调节拍摄焦距、保存图片轻缓平稳、记录设备运行信息。 （七）现场清理的要求 引导学员思考现场清理的要求：人走场地清	听讲 观察分析 思考 陈述 归纳总结	讲授法 演示法 提问法	多媒体 投影仪 视频 图片	14
	三、变电设备红外图谱分析与缺陷诊断 （一）变电设备红外图谱分析与诊断的依据 1. 讲解电力设备发热缺陷的判断依据： 《带电设备红外诊断应用规范》，2008 年中国电力出版社出版 2. 介绍设备红外图谱特征图库。 （二）使用软件突出热点 1. 介绍使用软件突出红外图谱发热点的操作流程： 导入图片→设置参数→找到热点→对比标记→保存图片； 2. 演示软件操作方法。 （三）红外图谱分析诊断 1. 单一图谱分析与诊断的方法 （1）讲解110kV 电压互感器红外图谱； （2）引导学员思考分析；	听讲 观察思考 回答练习 归纳总结	讲授法 演示法 提问法	多媒体 投影仪 视频 软件 图片	24

教学步骤	教学内容与培训师活动	学员活动	教学方法	教学设备	时间（分钟）
知能传授	（3）引导学员总结归纳单一图谱分析与诊断的方法： 对比单张图谱的温差依照判据判断设备缺陷； 对比特征图库辅助判断具体缺陷部位。 2. 同类设备比对分析与诊断的方法 （1）设问：如果单一图谱没有明确温差怎么办？ （2）分析 10kV 母线支撑绝缘子红外图谱； （3）引导学员思考分析； （4）引导学员总结归纳同类设备比对分析与诊断的方法： 对比同环境下同类设备找出缺陷设备温差依照判据判断设备缺陷； 对比特征图库辅助判断具体缺陷部位； 说明特征图库只是辅助判断缺陷不是唯一的分析标准。 3. 历史数据比对分析与诊断的方法 （1）设问：如果单一图谱没有明确温差，和同类设备比对也没有明显温差怎么办呢？ （2）分析 35kV 电压互感器红外图谱； （3）引导学员思考分析； （4）引导学员总结归纳历史数据比对分析与诊断的方法： 对比同一台设备历史红外检测报告，分析缺陷；	听讲 观察思考 回答练习 归纳 总结	讲授法 演示法 提问法	多媒体 投影仪 视频 软件 图片	24

续表

教学步骤	教学内容与培训师活动	学员活动	教学方法	教学设备	时间（分钟）
知能传授	说明图谱分析需要横纵比较，全面考虑。 4. 分组练习红外图谱分析诊断 （训练任务 2：分析诊断 110kV 电压互感器红外图谱） （1）布置任务：学员分小组使用同类分析法进行 110kV 电压互感器红外图谱分析诊断； （2）学员分小组进行红外测温图谱分析讨论，得出缺陷分析结果； （3）老师点评各小组红外图谱分析情况，针对共性问题进行讲解。 （四）编制红外检测报告 1. 展示 35kV 电力电缆红外检测报告； 2. 引导学员思考分析； 3. 总结归纳红外检测报告的填写要求	听讲 观察思考 回答练习 归纳 总结	讲授法 演示法 提问法	多媒体投影仪 视频 软件 图片	24
专项操练	四、变电设备红外精确诊断实操训练 （训练任务 3：对某给定变电站设备红外测温的结果，完成红外测温分析报告） 1. 布置任务：根据某给定变电站红外测温场景，学员分成 6 组，分别担任工作负责人、工作班成员，对某给定变电站设备红外测温的结果，完成红外测温分析报告 2. 学员进行红外精确诊断； 3. 小组分析讨论，对操练情况进行纠正、补充和评价，编写红外测温报告； 4. 点评各小组红外精确诊断专项操练情况，针对巡回指导中出现的共性问题进行讲解	模拟演绎 参与体验 观察记录 分析讨论 总结	情景模拟法	红外测温仪	37

续表

教学步骤	教学内容与培训师活动	学员活动	教学方法	教学设备	时间（分钟）
归纳总结	变电设备红外精确测温现场操作： 　环境条件适合拍摄；根据对象设置参数；选取角度定点定位；调整拍摄平缓保存 变电设备红外图谱分析与缺陷诊断： 　精确诊判断内部缺陷；软件分析显发热部位；多种对比找缺陷温差；特征图库助缺陷诊断				2
行动任务	请运用本课程所学习内容，对 220kV 东升变电站设备进行红外精确诊断				1

第二节　线上课程教学设计样例

■一、《配电运维检修班组数字化建设》课程教学设计样例

为提升配电运维检修班组长技能和业务素质，某省电力公司决定于 2021 年 7 月 11 日～13 日对配电专业运维检修班班组长在线上举办一期为期 3 天的配电运维班组长技能提升培训班，参加培训的人数为 30 人，培训采取线上教学的方式。在培训班课程设置中有一门 1 学时的"配电运维检修班组数字化建设"课程，时间安排在 7 月 12 日上午。

培训师小黄根据培训课程大纲要求，对该课程进行了教学设计，设计成果见表 11 - 7 和表 11 - 8。

表 11 - 7　《配电运维检修班组数字化建设》课程教学整体设计表

培训师		小黄	审核	
培训项目	项目名称	配电运维检修班组长技能提升培训		
	开发背景	配电运维检修班组需要进行数字化转型		
	实施目的	提升配电运维工岗位业务素质		
	课程定位	班组数字化建设的基础工作		
学员特征	学员结构	30 人		
	能力水平	配电专业运维检修班班组长		
培训资源	培训环境	线上培训		
	设备条件	多媒体、投影仪、电子教鞭、白板		
培训课程	课程名称	配电运维检修班组数字化建设		
	教学课时	1　上课时间　2021 年 7 月 12 日 9：00～10：00	上课地点	线上培训

培训课程	教学目标	知识目标	1. 能够说出数字化班组的概念和特征; 2. 能简述配电运维检修班组数字化建设实施步骤	
		技能目标	1. 能分析配电运维检修班组数字化建设实施的技术路径; 2. 能总结配电运维检修班组数字化应用成效	
		态度目标	1. 具有创新意识; 2. 具有规范作业意识	

工作问题	如何进行配电运维检修班组数字化建设		
教学顺序	课程单元	训练任务	教学策略
	1. 数字化班组概述	无	讲解—接受
	2. 配电运维检修班组数字化建设实施	1. 探究配电运维检修班组数字化建设实施的技术路径	引导—发现
	3. 配电运维检修班组数字化应用成效	2. 总结配电运维检修班组数字化应用成效	引导—发现

教学重点	配电运维检修班组数字化建设实施
教学难点	数字电网一张图

表 11 - 8　《配电运维检修班组数字化建设》课程教学实施设计表

教学步骤	教学内容与培训师活动	学员活动	教学方法	教学设备	时间（分钟）
开场组织	培训师自我介绍	听讲	讲授法	多媒体	1
课程导入	以《配电运维检修班组日常工作》情景图片案例，引入课程目标和内容	观看思考听讲	讲授法	多媒体投影仪图片	1
知能传授	一、数字化班组概述 （一）数字化班组的概念 1. 设问：什么是数字化班组？ 2. 引导学员思考并线上陈述观点。 （二）数字化班组的特征 1. 提问：数字化班组想要实现高效智能需要具备哪些特征？ 2. 通过贴近生活工作的例子解释"业务在线化、作业移动化、信息透明化、支撑智能化"特征； 3. 引导学员总结归纳数字化班组建设目的	听讲思考归纳	提问法讲授法	多媒体投影仪图片	4
	二、配电运维检修班组数字化建设实施 （训练任务 1：探究配电运维检修班组数字化建设实施的技术路径） （一）数字电网一张图 1. 讲述配电运维检修班组数字化建设的基本任务； 2. 设问：人工数据采集的主要采集对象以及采集内容有哪些； 3. 引导学员总结归纳数据采集的关键环节，通过观看《数据采集——设备编号》图片案例掌握设备编号命名规则；	听讲观察思考陈述分享总结归纳	提问法演示法讲授法	多媒体投影仪视频图片	25

教学步骤	教学内容与培训师活动	学员活动	教学方法	教学设备	时间（分钟）
知能传授	4. 继续通过《图元选择》《线路绘制》视频演示、《图模中心应用》视频案例引导学员总结归纳形成电网一张图的步骤及环节： 数据采集：选择采集方式，准备采集装置，采集设备信息，填写设备编号； 设备录入：采集数据上传，台账信息录入； 图形生成：图模中心各类图形应用。 （二）智能设备接入 1. 设问：根据现场工作需要智能设备需要实现哪些功能； 2. 通过馈线终端FTU遥信测试案例引导学员总结归纳智能设备功能校验步骤； 3. 通过设备安装注意事项讲授引导学员总结归纳形成智能设备接入的步骤及环节： 功能校验：遥测、遥信、遥控、保护等功能校验； 建档匹配：图形确认、数据建档、通道建立； 设备安装：通信设备安装、一次设备安装、终端设备安装； 现场验收：现场验收，权限交接	听讲 观察思考 陈述分享 总结归纳	提问法 演示法 讲授法	多媒体 投影仪 视频 图片	25
	三、了解配电运维检修班组数字化应用成效 （训练任务2：总结配电运维检修班组数字化应用成效）				

续表

教学 步骤	教学内容与培训师活动	学员 活动	教学 方法	教学 设备	时间 （分钟）
知能 传授	（一）巡视工作中的数字化应用 1. 学习视频案例《韶山无人机巡视监控系统》引导学员进行思考，目前的巡视方式相较于以前的巡视方式究竟提升了哪些方面； 2. 引导学员在线分析配电运维检修班组数字化建设在巡视工作中的应用成效。 （二）抢修工作中的数字化应用 1. 学习数字电网一张图故障研判功能展示，引导学员进行思考，目前的抢修方式与以前的抢修方式究竟提升了哪些方面； 2. 引导学员在线分析配电运维检修班组数字化建设在抢修工作中的应用成效。 （三）设备运维中的数字化应用 1. 学习视频案例《馈线自动化》引导学员进行思考，目前的设备运维方式与以前的方式究竟提升了哪些方面； 2. 引导学员在线分析配电运维检修班组数字化建设在设备运维工作中的应用成效。 （四）数据管理中的数字化应用 1. 观看视频案例《自动台账录入》、进行营配调融合数据案例，引导学员进行思考，目前的数据管理方式与以前的方式究竟提升了哪些方面； 2. 引导学员在线分析配电运维检修班组数字化建设在数据管理工作中的应用成效； 3. 引导学员进行归纳总结：配电运维检修班组的数字化建设应用广泛，成效显著；	听讲 观察思考 总结归纳	讲授法 演示法 提问法	多媒体 投影仪 视频 图片	11

教学步骤	教学内容与培训师活动	学员活动	教学方法	教学设备	时间（分钟）
知能传授	设备巡视效率提升； 提高抢修效率，降低违章风险； 提高预警能力，提升设备故障防护； 数据管理效率提升	听讲 观察思考 总结归纳 归纳	讲授法 演示法 提问法	多媒体 投影仪 视频 图片	11
专项操练	无				
归纳总结	配电运维检修班组数字化建设实施： 数字电网一张图；智能设备接入 配电运维检修班组数字化应用成效： 运维效率提升，抢修效率提升，设备故障防护能力提升，数据管理能力提升				2
行动任务	运用本课程所学习到的内容，编制配电运维检修班组数字化建设方案				1

二、 《优化营商环境下营业业扩高频违章点分析及风险防范》 课程教学设计样例

为提升用电业务受理岗位技能和业务素质，更好地促进营商环境优化，某省电力公司决定于 2022 年 3 月 22 日～24 日对用电客户受理员在公司技术技能培训中心举办一期为期 3 天的用电业务受理员高级工技能培训班，参加培训的人数为 30 人，采取线上教学方式。在培训班课程设置中有一门 1 学时的《优化营商环境下营业业扩高频违章点分析及风险防范》线上课程，时间安排在 3 月 23 日上午，课堂安排在公司技术技能培训中心智慧教室。

培训师小饶根据培训课程大纲要求，对该课程进行了教学设计，设计成果见表 11-9 和表 11-10。

表 11 - 9　《优化营商环境下营业业扩高频违章点分析及风险防范》

课程教学整体设计表

培训师		小饶		审核	
培训项目	项目名称	用电客户受理员高级工技能培训			
	开发背景	在优化营商环境下，用电客户受理员作为直接服务电力客户的岗位人员，在落实"获得电力"指标提升过程中会出现不规范的行为，而这些行为也是属于公司营业业扩高频违章点，不利于营商环境水平的提升			
	实施目的	提升用电客户受理员岗位技能和业务素质			
	课程定位	优化营商环境的专业技能			
学员特征	学员结构	30 人			
	能力水平	用电客户受理员高级工			
培训资源	培训环境	线上培训			
	设备条件	智慧教室			
培训课程	课程名称	优化营商环境下营业业扩高频违章点分析及风险防范			
	教学课时	1	上课时间	2022 年 3 月 23 日 8：00～9：00	上课地点	线上直播
	教学目标	知识目标	1. 正确简述"获得电力"指标； 2. 正确简述营业扩高频违章点及表现形式； 3. 正确简述营业业扩高频违章点防范措施		
		技能目标	1. 能判断营业业扩高频违章点； 2. 能自主防范营业业扩高频违章风险		
		态度目标	1. 注重优质服务； 2. 遵守作业规范		
	工作问题	优化营商环境下，营业业扩高频违章点有哪些？如何进行高频违章风险自主防范？			
	教学顺序	课程单元		训练任务	教学策略
		1. 优化营商环境背景下的营业业扩概述		无	引导—发现

续表

培训师		小饶		审核		
培训课程	教学顺序		课程单元	训练任务		教学策略
			2. 营业业扩高频违章点分析	1. 分析营业业扩高频违章点的表现形式及影响		引导—发现情景—感悟
			3. 营业业扩高频违章点风险防范	2. 归纳营业业扩高频违章点风险防范措施		引导—发现情景—感悟
	教学重点		营业业扩高频违章点风险防范措施			
	教学难点		"最多跑一次"落实不到位危险点防范措施			

表 11-10 《优化营商环境下营业业扩高频违章点分析及风险防范》课程教学实施设计表

教学步骤	教学内容与培训师活动	学员活动	教学方法	教学设备	时间（分钟）
开场组织	培训师自我介绍	听讲	讲授法	多媒体	1
课程导入	以习近平总书记在中国首届国际进口博览会开幕式上的主旨演讲引入课程目标和内容	听讲	讲授法	多媒体投影仪	1
知能传授	一、优化营商环境背景下的营业业扩概述 （一）营商环境评价指标 1. 设问：什么是营商环境？营商环境的指标有哪些？ 2. 引导学员思考； 3. "获得电力"指标排名与营商环境排名情况介绍： 2020年"获得电力"指标排名12位，				

教学步骤	教学内容与培训师活动	学员活动	教学方法	教学设备	时间（分钟）
知能传授	2020 年营商环境排名指标排名 31 位 （二）"获得电力"评价指标 1. 讲解"获得电力"评价指标内容 环节、时间、成本、供电可靠性及电费透明度。 2. 提问：与营业业扩领域相关的指标有哪些？ 3. 引导学员线上陈述观点： 环节、时间、成本 （三）营业业扩基本要求 1. 设问：营业业扩工作中，对这些指标的要求是怎样的？ 2. 引导学员思考； 3. 总结营业业扩基本要求： 环节简化、时间缩短、成本降低 （四）营业业扩高频违章点的影响 1. 提问：营业业扩高频违章点会产生哪些的影响； 2. 组织学员线上陈述观点； 3. 引导学员归纳营业业扩高频违章点的影响： 用户体验较差、有损企业形象、有违市场公平、降低"获得电力"指标	听讲 思考 线上答题	讲授法 提问法	多媒体 投影仪 图片	10
	二、营业业扩高频违章点分析 （训练任务 1：分析营业业扩高频违章点） （一）营业业扩高频违章点节界定				

教学步骤	教学内容与培训师活动	学员活动	教学方法	教学设备	时间（分钟）
知能传授	1. 组织学员观看视频案例《一场由咨询转投诉的事件》，思考视频中有哪些不规范的地方？ 2. 引导学员线上陈述观点； 3. 归纳学员观点： 向客户推荐施工单位属于"三不指定"未严格执行违章； 客户多次往返营业厅办理业务属于"最多跑一次"落实不到位违章； 未对符合免费业扩条件的客户提供免费服务属于业扩收费不规范违章。 过渡引导：这三个典型的违章除了案例视频中的表现，工作中是否还有其他表现形式？ （二）"三不指定"未严格执行违章点表现形式 讲授："三不指定"未严格执行违章点表现形式： 资质信息不全、指定单位或型号 （三）"最多跑一次"落实不到位违章点表现形式 1. 提问："最多跑一次"落实不到位违章点可能还有哪些表现形式？ 2. 引导学员线上陈述观点； 3. 归纳"最多跑一次"落实不到位违章点的表现形式还包括： 未上门服务、额外收费、私自增加办电环节。	听讲 观察思考 线上表达 观点 总结归纳	案例分析法 演示法 讲授法 提问法	多媒体投影仪 视频 图片	20

续表

教学步骤	教学内容与培训师活动	学员活动	教学方法	教学设备	时间（分钟）
知能传授	（四）业扩收费不规范违章点表现形式 1. 提问：业扩收费不规范违章点可能还有哪些表现形式？ 2. 讲述案例：好心办事被投诉； 3. 引导学员归纳业扩收费不规范违章点的表现形式还包括： 未公开收费标准、不按规收费、代收施工费，降低"获得电力"指标	听讲观察思考线上表达观点总结归纳	案例分析法演示法讲授法提问法	多媒体投影仪视频图片	
	三、营业业扩高频违章点风险防范 （训练任务 2：探究营业业扩高频违章点防范措施） （一）"'三不指定'未严格执行"危险点防范措施 1. 引导学员思考并归纳"'三不指定'未严格执行"危险点防范措施： 遵守规定、严格保密、了解客户需求、告知办电事项、告知全量信息 2. 引导学员归纳总结"'三不指定'未严格执行"危险点防范措施： 严守规章、充分沟通 （二）"'最多跑一次'落实不到位"危险点防范措施 1. 引导学员从严守规章方面归纳"'最多跑一次'落实不到位"危险点防范措施： 一证受理制、一次告知制、首问负责制、客户经理责任制。	听讲思考线上表达观点总结归纳	讲授法提问法案例分析法提问法	多媒体投影仪图片	25

教学步骤	教学内容与培训师活动	学员活动	教学方法	教学设备	时间（分钟）
知能传授	2. 引导学员从沟通协调方面归纳'最多跑一次'落实不到位危险点防范措施： 外部沟通、内部协调。 3. 分析案例：一次疏忽引起的事故； 4. 引导学员从工作能力方面归纳"'最多跑一次'落实不到位"危险点防范措施； 精通业务； 5. 引导学员归纳总结"'最多跑一次'落实不到位"危险点防范措施； 严守规章、充分沟通、精通业务。 （三）"业扩收费不规范"危险点防范措施 1. 引导学员归纳"业扩收费不规范"危险点防范措施； 按规收费、不代收； 2. 分析案例：一次意外的投诉； 3. 提问：该营业人员有没有违规收费？为什么会被投诉呢？ 4. 引导学员归纳：从充分沟通方面防范； 5. 分析案例：高可靠性供电费用能否收取； 6. 引导学员归纳：规则要牢记，但更要在实施的时候注意规则约定的条件是否齐备，在业扩查勘时需要核实条件； 7. 引导学员归纳总结"业扩收费不规范"危险点防范措施； 严守规章、充分沟通、精通业务	听讲 思考 线上表达观点 总结归纳	讲授法 提问法 案例分析法 提问法	多媒体投影仪图片	25

教学步骤	教学内容与培训师活动	学员活动	教学方法	教学设备	时间（分钟）
专项操练	无				
归纳总结	营业业扩高频违章点： "三不指定"未严格执行、"最多跑一次"落实不到位、业扩收费不规范； 营业业扩高频违章点防范措施： 严守规章、充分沟通、精通业务				2
行动任务	请按照本课程所学习的高频违章点风险防范措施，结合学员手册提供的相关资料，分析视频案例《一场由咨询转投诉的事件》中违章行为的风险防范措施。并将答案以文件的形式上传至直播群				1

参考文献

[1] [美] M. 戴维·梅里尔. 首要教学原理. 盛群力，钟丽佳，等译. 福州：福建教育出版社，2016.

[2] [荷兰] 杰罗姆·范梅里恩伯尔，保罗·基尔希纳. 综合学习设计. 盛群力，陈丽，王文智，等译. 福州：福建教育出版社，2015.

[3] 盛群力. 现代教学设计论（修订版）. 杭州：浙江教育出版社，2010.

[4] 盛群力，魏戈. 聚焦五星教学. 福州：福建教育出版社，2015.

[5] [美] 斯蒂芬·耶伦. 目标本位教学设计——编写教案指南. 白文情，任露铭译. 福州：福建教育出版社，2015.

[6] [美] 罗伯特·J·马扎诺. 教学的艺术与科学——有效教学的综合框架. 盛群力，唐玉霞、曾如刚　译. 福州：福建教育出版社，2014.

[7] [美] 查尔斯·M·赖格卢斯. 教学设计的理论与模型——教学理论的新范式（第二卷）. 斐新宁，郑太年，赵健　主译. 北京：教育科学出版社，2011.

[8] 袁国方. 电力行业企业培训师培训教材. 北京：中国电力出版社，2021.

[9] 陶明. 企业兼职培训师能力训练. 北京：中国电力出版社，2016.

[10] 陶明. 企业兼职培训师工作指南. 北京：中国电力出版社，2017.

[11] 陶明. 培训魔方——企业培训师心法修炼. 北京：中国电力出版社，2019.

[12] 陶明. 企业培训开发工具箱. 北京：中国电力出版社，2022.